I

EXAMEN APOLOGÉTIQUE

DE LA CHARTE

DE LOUIS XVIII.

IMPRIMERIE DE J. GRATIOT,

Rue du Foin Saint-Jacques, maison de la Reine Blanche.

EXAMEN APOLOGÉTIQUE

DE LA CHARTE

DE LOUIS XVIII,

PAR UN PRÊTRE CATHOLIQUE.

(J.-B.-Armand Auger)

PARIS.

THIÉRIOT, LIBRAIRE,

RUE PAVÉE SAINT-ANDRÉ-DES-ARCS, N° 13.

1829.

EXAMEN APOLOGÉTIQUE

DE LA CHARTE

DE LOUIS XVIII.

On accuse le Clergé et la Noblesse de ne pas aimer la Charte, et on appuie ce reproche sur des raisonnements et sur des faits.

Il est naturel, dit-on, de regretter l'ancien régime, quand, au lieu de grands biens et d'immenses priviléges, le nouveau ne présente plus que des charges et des privations. Les nobles ne pardonneront jamais à la Charte d'avoir consacré la spoliation des émigrés, et, pour me servir des expressions de M. Cottu, en parlant du Clergé, « un corps qui se « vante d'avoir posé lui-même les fondements de la « monarchie... doit toujours entretenir une préfé- « rence secrète et même involontaire pour le gou- « vernement absolu, puisque c'est le seul système « politique qui lui offre le moyen de s'emparer du « pouvoir ». Ainsi l'on suppose que l'ambition et l'intérêt sont les seuls mobiles de ces hommes que la révolution a en effet dépouillés et proscrits, mais qui, à cette époque-là même, ont montré de tout autres sentiments. Apparemment ceux qui manifestent tant de zèle et d'admiration pour la Charte sont dans cette affaire absolument désintéressés, et l'amour du bien public est exclusif en eux.

Mais ils s'appuient, disent-ils, sur des faits si nombreux et si frappants qu'il est impossible de ne pas reconnoître la répugnance des anciens nobles et des prêtres pour le *pacte fondamental.* Puis on vous cite tout ce que certains journaux ont rapporté sur la *contre-opposition,* sur les missionnaires, sur la congrégation ; et, trouvant là autant d'ennemis de la Charte, on s'effraie ou l'on s'indigne, et l'on se persuade qu'il n'y a pas moyen de réconcilier avec le gouvernement constitutionnel des hommes qui ne rêvent qu'ultramontanisme et pouvoir absolu.

Je le veux. Il s'est trouvé, il se trouve des hommes attachés à la religion et à la monarchie, qui ont redouté, ont blâmé même, les concessions faites à la démocratie, et qui maintenant encore sont prévenus contre la forme de gouvernement établie. Mais ne faut-il pas leur pardonner un peu, s'ils confondent quelquefois dans leur opposition les principes contenus dans la Charte avec l'abus qu'on en a fait ? Ils ont vu, sous l'empire de la Charte, grâce aux

usurpations républicaines ou du moins aux mépri-
ses de certains administrateurs, outrager par des
révoltes, par des cris, par des pamphlets, la ma-
jesté du Roi et celle de Dieu même. L'autorité
royale a été méconnue, son nom prostitué, ses
amis persécutés, ses défenseurs *amnistiés*, ses ennemis prônés et portés en triomphe. Comment un
serviteur du Roi n'accuseroit-il pas un tel régime ?
La liberté des cultes a servi de prétexte pour hu-
milier la religion de l'état, et tandis que les Juifs
et les Mahométans sont respectés avec leur habit
et au milieu de leurs cérémonies, plus d'une fois
les fêtes et les ministres de l'église catholique ont
été exposés aux profanations et aux insultes. Tandis qu'on vante ces sociétés prétendues chrétien-
nes, qui, pour propager leur *bible* et leur *morale*,
envoient partout leurs livres et leurs missionnaires,
la France a vu persécuter, maltraiter des hommes
paisibles qui prêchaient la morale de l'évangile, la
charité et la concorde. Est-il donc étonnant que les
chrétiens qui ont conservé la foi dans l'exil et dans
les prisons soient indignés d'une pareille décep-
tion, et se plaignent d'un régime où ces scandales
ne sont pas empêchés, où ils semblent favorisés ?

Qu'on nous permette aujourd'hui d'exprimer nos
pensées avec franchise. On s'est trompé sans doute
en attribuant à la Charte ce qui ne provenoit que
du mauvais esprit de certains hommes et de la foi-

blesse de quelques autres. Mais aussi pourquoi ceux qui prônent tant la Charte ne la font-ils pas mieux connoître en la respectant et en veillant à ce qu'on la respecte ? Les faits sur lequels on veut s'appuyer pour accuser le Clergé et les royalistes en général de ne point aimer la Charte sont les fautes de quelques individus abusant de la liberté, et l'erreur de quelques autres, victimes de la violence.

Nous n'entreprendrons point de relever les fautes, parce que nous semblerions accuser. Nous essaierons de dissiper les erreurs, parce qu'ainsi nous pouvons être utiles à tous. S'il est des royalistes qui ne sont point amis de la Charte, nous ferons voir qu'il est des royalistes et des prêtres sincères admirateurs de la Charte, non qu'ils la regardent comme une œuvre parfaite, puisqu'il n'est rien de parfait parmi les ouvrages des hommes, mais parce qu'avec le moins d'inconvénients possible cette loi fondamentale contient le germe de tous les biens qu'on peut attendre des institutions humaines. Nous justifierons ainsi et nous éclairerons peut-être les royalistes.

Il s'agit en effet de réconcilier avec la Charte ceux dont nous excusons, mais dont nous déplorons les préventions. Il s'agit de faire voir que la Charte n'est point la cause des désordres qui ont eu lieu depuis qu'elle a été publiée ; que, sous l'empire de la Charte, tous les droits, tous les intérêts, toutes les prétentions légitimes peuvent être respectées; que la Charte est une sage composition entre les anciens titres et les services nouveaux, entre l'autorité souveraine et les libertés publiques, entre les traditions et les idées du jour; que la Charte enfin, bien entendue et bien observée, doit être pour la France un gage de paix et de bonheur.

Le sujet est vaste et délicat tout ensemble. Traité avec l'étendue et la profondeur qu'il comporte, il demanderoit une plume accoutumée aux considérations politiques, aux opinions des jurisconsultes, au style de la législation. Mais les longs ouvrages qui en résulteroient seroient souvent au dessus de la portée du commun des lecteurs; leur volume effraieroit la préoccupation et les affaires, la légèreté et l'insouciance. D'ailleurs les développemens substitueroient à la Charte de Louis XVIII les *commentaires* d'un homme d'état. *L'examen* de la Charte telle qu'elle est, par un homme qui, sans être étranger à l'étude des lois, est encore plus familier avec les besoins des hommes et des peuples, avec les principes ordinaires de justice et d'équité, déterminera peut-être davantage l'irréflexion des uns et les préventions des autres à lire enfin, pour la connoître, cette Charte dont on parle tant et que beaucoup de personnes n'ont jamais pris la peine de parcourir une fois avec attention.

Cet écrit ne s'adresse donc point aux jurisconsultes ni aux savans : nous désirons seulement qu'ils
n'y trouvent rien à reprendre pour les principes.
Nous parlons aux hommes du monde et aux ecclésiastiques qui, comme nous, cherchent simplement
à connoître la vérité pour s'y attacher et s'en faire
les défenseurs. Nous désirons surtout consoler les
nobles restes, les précieux rejetons de cette Église
de France qui a été et qui doit être la gloire de la
religion et l'exemple du monde. Nous voulons leur
faire voir, en examinant dans ses propres expressions la Charte qui nous régit, qu'elle renferme
les traditions et les garanties, qu'elle consacre les
vérités et les principes sur lesquels reposent la monarchie qu'ils respectent, la foi qu'ils défendent,
la vertu qu'ils professent.

Aussi, nous le disions tout-à-l'heure, le sujet
est bien délicat, et pour le traiter convenablement
il faut une grande impartialité et une véritable indépendance. L'auteur de cet écrit croit être dans
cette double disposition. Outre son intention bien
formelle de n'écrire que ce qui lui semblera juste
et vrai, les habitudes de toute sa vie lui font penser qu'il a saisi plus facilement que bien d'autres
le vrai point de beaucoup de questions qui partagent maintenant les esprits. Né avant la révolution
d'une famille plébéienne, il avoit appris de son
père à aimer et respecter le Roi, et à huit ans il

pleura la mort de Louis xvi. Dès ses premières années il vit de près des personnes honorables de la Noblesse et du Clergé, et il a conservé et multiplié jusqu'à présent ces sortes de relations, au milieu d'une multitude d'autres qui l'ont mis en contact avec toutes les opinions, tous les rangs et tous les pays du monde. Il est entré dans l'état ecclésiastique à un âge mûr, et il a évité de s'attacher aux questions douteuses qui partagent les théologiens; il lui importe peu, pour son amour propre et pour son avenir, que les ultramontains ou les gallicans l'emportent dans les écoles. La révolution ne l'a ni appauvri ni enrichi; et s'il a conservé son amour pour la monarchie et pour les Bourbons, c'est la raison, ce sont les souvenirs et les espérances, c'est l'amour de la patrie, qui l'ont entretenu. Il espère donc parler sans prévention, et il prie les François de tous les partis de le lire avec les mêmes dispositions où il se trouve en écrivant.

Cet écrit n'est pas non plus un ouvrage inspiré par les circonstances. Depuis la restauration, l'auteur est pénétré des mêmes pensées, et, après avoir salué du cri de *Vive le Roi* les premieres nouvelles du retour des Bourbons, en voyant la déclaration de Saint-Ouen il a dit: *La France est sauvée.* Depuis plus d'un an, il a rédigé, et communiqué à plusieurs hommes distingués, les simples réflexions qu'on va lire; et, s'il les publie dans ce moment, c'est qu'il les croit propres à calmer l'effervescence des esprits, qui paroît croître de jour en jour.

C'étoit réellement un acte sublime que cette *déclaration* faite par Louis XVIII, entouré de la garde impériale, et sommé par le Sénat de Buonaparte de signer une *constitution* rédigée de manière à flatter, non seulement les intérêts, mais encore les passions révolutionnaires. Le peuple, qui revoyoit son Roi, pouvoit même trouver une certaine noblesse de sentiment à *appeler librement au trône de France* (art. 2) celui qui revenoit après vingt ans, sans qu'on eût songé à ses titres. Il falloit être hardi pour regarder ce projet de constitution comme non avenu, et mettre en question l'existence même dans l'état de ces Sénateurs, dont la plupart vouloient avant tout *se conserver.* Mais il falloit être bien sage pour éviter l'excès opposé, et baser l'édifice social sur les principes à la fois et sur l'expérience.

L'expérience avoit été rapide depuis vingt-six ans que le Roi lui-même (alors *Monsieur*) avoit cru nécessaire, pour les états généraux, de doubler le nombre des membres du tiers-état. Chaque constitution faite depuis avoit signalé le danger des usurpations et la multitude des prétentions du peuple. Les anciens abus, réprimés et punis par de terribles mouvements, faisoient place à de nouveaux abus ; et les législateurs, qui d'abord avoient cru leur république *impérissable*, étoient sans cesse obligés d'inventer quelque secret pour l'empêcher de succomber sous l'anarchie ou le despotisme. La constitution de 1791, la plus savante de toutes, avoit été la plus funeste. Malgré les nombreuses combinaisons que l'assemblée nationale espéroit devoir suppléer à l'absence d'un principe, le mépris de l'autorité dans un Roi qu'elle déclaroit *inviolable*, mais qu'une *abdication présumée* rendoit judiciable de ses sujets, le mépris de l'autorité fit prévaloir la force et la multitude, rendant impuissantes et la justice et la raison. La constitution de 1791 devoit conduire Louis XVI à l'échafaud et Robespierre au despotisme. Elle menoit à la constitution de 1793, ce chef-d'œuvre d'ineptie et de méchanceté, où ce peuple qu'on disoit souverain trouvoit dans l'exercice de son pouvoir la cause immédiate des secousses et des fureurs dont il devint la triste victime. Alors les François commencèrent à réfléchir, et Louis XVIII, reparoissant après la mort de Robespierre, auroit pu reconquérir par enthousiasme ce que de longs regrets et de longues souffrances lui ont rendu vingt ans plus tard. La constitution de l'an 3 fut la combinaison des observations de la prudence et des calculs de l'ambition; mais l'ambition n'est pas une bonne conseillère, et la prudence qui ne pense qu'aux intérêts est trop méticuleuse. Pour

ne rien omettre , on fit 377 articles fondamen-
taux , auxquels nul ne pourroit toucher , et que
la *nation* elle-même (comme on parloit alors) ne
réviseroit qu'après y avoir pensé pendant *neuf
ans*. Mais au moins la *division des pouvoirs* établie et les sages *délais* prescrits pour mûrir les lois
présentoient un obstacle aux innovations et à la
terreur. Aussi M. Benjamin Constant pouvoit-il,
sans faire tort à son esprit , écrire alors son livre
intitulé : *De la force du gouvernement actuel.*
Mais l'esprit ne suffit pas pour un législateur ni un
prophète, et le *gouvernement actuel* n'eut pas la
force de résister à Buonaparte, qu'il avoit eu la
finesse d'envoyer en Egypte , et en l'honneur duquel fut faite la constitution de l'an 8. Là, tout est
changé. On redit au peuple qu'il est souverain,
mais on ne lui laisse rien prescrire ; on le consulte,
mais on n'est pas obligé de l'écouter ; et, comme
les deux *consuls* qui suivent le premier sont dans
le même cas, les plaisans dirent alors assez exactement que c'étoit *un en trois personnes.* Robespierre s'y étoit mal pris pour garder le despotisme ;
le premier Consul fut plus adroit, et il organisa un
vaste plan d'asservissement auquel personne, auquel
rien ne pouvoit échapper. Comme il a réussi pendant près de quinze ans, il y en a qui prétendent
que cette manière de gouverner convient mieux à
la France ; que les François ne sont point faits pour

un gouvernement constitutionnel; qu'ils se pas-
sionnent trop aisément pour suivre avec le calme
convenable les discussions des Chambres; qu'un
orateur habile mènera toujours une assemblée, et
qu'un orateur séditieux peut ainsi amener une révolution. On conclut de là en faveur de la monarchie tempérée, comme autrefois elle existoit parmi
nous, et on en revient à regretter l'ancien regime.
Nous sommes loin de partager cette opinion. D'a-
bord, ayant soutenu plusieurs fois la nôtre contre
des partisans de l'ancien régime très sages et très
instruits, nous les avons toujours trouvés hors
d'état d'assigner l'époque où il faudroit remonter
pour découvrir dans nos traditions le mode de
gouvernement qu'il seroit utile ou possible d'établir parmi nous maintenant. Ensuite l'expérience a
montré que, non seulement les François ne se
laissent pas trop mener par les orateurs, mais encore que tous les efforts de l'éloquence étoient in-
capables de faire prévaloir les idées opposées à
celles qui sont répandues dans la société. La chute
des différens ministères en est une assez forte preuve,
et le dernier surtout avoit d'habiles orateurs. Pour
faire impression sur les François maintenant, il
faut des raisons. Ils respectent l'autorité légitime,
et l'amour du Roi regne toujours. Mais l'obéissance
passive est une chimère, la discussion des lois est
inévitable, l'examen du budget est nécessaire, et

bien plus il est utile pour mille raisons. Le meilleur des gouvernemens est celui qui, appuyé sur la justice et la sagesse, prendra le parti de faire réellement ce qu'on a dit plus d'une fois pour nous tromper, de *jouer cartes sur table*. Louis xviii l'avoit compris, et il ne voulut, ni de l'ancien régime sans modification, ni du régime impérial qui consacroit le despotisme, ni de la constitution du Sénat qui consacroit l'anarchie en remettant tous les droits en question. En vertu de son plein pouvoir, *Louis, par la grâce de Dieu, Roi de France et de Navarre*, rappelé par l'amour de son peuple au trône de ses pères, et résolu d'adopter une constitution libérale (ce sont les expressions de la déclaration de Saint-Ouen), annonce qu'il maintiendra le gouvernement représentatif, et que les droits de tous seront respectés sans que nul individu puisse être inquiété pour ses opinions et ses votes. A la voix de ce vénérable vieillard, de ce monarque qui n'avoit jamais manqué à sa parole, on se souvint de celui qui, *Roi de France,* ne vengeoit pas les injures du *Duc d'Orléans*, et le *peuple françois* se jeta entre les bras de son *père*. La Charte en effet fut *octroyée* (le 4 juin 1814), reçue avec des applaudissemens inexprimables, transcrite le même jour sur les registres des deux Chambres, pour conserver le souvenir de cette belle journée et de la *dix-neuvième année du règne* de

Louis-le-Désiré. Ainsi se trouvoit continuée cette monarchie sous laquelle la France avoit acquis pendant douze siècles tant de puissance et tant de gloire. Ainsi se trouvoit maintenue cette *autorité* qui réside tout entière dans la personne du Roi, mais dont les prédécesseurs de Louis xviii n'avoient point hésité non plus à modifier l'exercice suivant la différence des temps (expressions du préambule de la Charte). Ainsi les François étoient égaux devant la loi, et un François conservoit néanmoins les *droits en vertu desquels il a donné la Charte.*

Nous n'irons point, avec M. Cottu, examiner si ces droits subsistent encore maintenant tout entiers ; nous lui laissons le soin d'appuyer sur des preuves légales et des considérations politiques la thèse qu'il soutient. Mais, après avoir fait remarquer qu'il n'avoit pas bien connu le Clergé quand il a supposé qu'il faudroit beaucoup de temps pour que ce corps s'accoutumât à *faire consister sa gloire dans son obéissance aux lois et dans l'accomplissement de ses devoirs*, nous continuerons à prouver notre adhésion au gouvernement constitutionnel par nos remarques sur la Charte.

Nous n'entreprendrons point de démontrer l'existence du *droit* lui-même à ceux qui s'aviseroient de le nier. Les radicaux auroient peut-être demandé que le Roi consultât la *nation*, comme on l'a fait sous la république et l'empire pour certaines mesures et certaines personnes que le peuple subissoit librement. Mais cette momerie politique ne fait plus maintenant de dupes , et d'ailleurs le Roi n'y étoit nullement tenu. Quant aux hommes estimables qui voient avec peine les *concessions* contenues dans la Charte, nous leur faisons l'honneur de penser qu'ils ne contestent pas du moins au Roi de France le droit de les octroyer à son peuple. Les avantages de ces concessions, qu'ils ne sentent peut-être pas , nous tâcherons de les développer en parcourant les divers articles qui les expriment.

Mais avant d'examiner les articles en particulier , il faut rappeler certains principes.

Les lois ont pour objet de tracer à l'homme ses devoirs , et , en les lui faisant observer, de le conduire par là au bonheur. Le Créateur nous a imposé des obligations , et il a attaché des récompenses à l'exécution de ses volontés. Les lois civiles ont pour objet de régler les rapports des hommes entr'eux dans la société , et de prescrire les mesures nécessaires pour le bien de la société elle-même et des individus qui la composent. Mais il importe de remarquer que la conservation et la prospérité de l'État n'ont d'autres éléments ni d'autre but que le bonheur des individus. Ainsi les institutions , les distinctions des rangs, les services publics , les associations , les congrégations même religieuses , tout cela doit être modifié selon que les circonstances locales et temporaires le demandent. Rien n'est absurde en ce genre comme les systèmes arrêtés et les idées absolues : un gouvernement représentatif en Chine seroit un contre-sens complet, à peu près comme un Sultan aux États-Unis. D'un autre côté, il ne faut pas croire que les lois soient destinées à flatter l'amour propre des individus qu'elles doivent protéger : tout au contraire, elles ont pour base le sacrifice des intérêts particuliers aux intérêts de tous, des caprices aux besoins, des passions aux vertus. C'est pour cela qu'une *déclaration des droits de l'homme et du citoyen* est un acte si bizarre qu'on pourroit l'appeler ridicule. Les rédacteurs de la constitution de l'an 3 l'avoient bien senti. Aussi, après avoir répété les formules obligées des droits de l'homme, ils ont inséré les principales maximes qui fixent ses *devoirs*. L'Écriture sainte leur a fourni les deux principes desquels ils déclarent que dérivent tous les devoirs de l'homme et du citoyen : *Ne faites pas à autrui, etc.* C'est aussi pour appuyer l'intérêt général sur des principes incontestables et bien connus que Louis xviii a établi le premier titre de la Charte ; et si elle renferme des articles intitulés *droit public des François*, c'est afin que, les droits de tous étant bien expliqués, chacun sache qu'il a le devoir de les respecter.

Il importe encore, avant d'entrer dans le détail

des dispositions de la Charte, de remarquer la différence qui existe entre les lois civiles et les lois
religieuses. Celles-ci doivent fournir à l'homme les
moyens de connoître et de pratiquer la religion,
soit comme particulier, soit comme membre de
la société. Nous disons fournir les moyens, en
lui prescrivant des règles et des observances qui
lui facilitent la victoire de la raison sur les passions. Elles détruisent ainsi les obstacles intérieurs
qui l'empêchent de remplir ses devoirs religieux.
Les lois civiles supposent l'existence des autres,
et elles doivent éloigner les obstacles extérieurs
qui s'opposent à leur exécution. Elles ne contrai-
gnent pas l'homme à servir Dieu, elles contrai-
gnent les autres hommes à le lui permettre. Elles
protègent la religion, elles ne l'imposent pas; et
si des raisons politiques engagent l'autorité souveraine à ne permettre l'exercice public que d'une
seule religion, les mesures ne doivent point gêner
les consciences, ni troubler la vie de ceux qui ne
troublent point l'ordre public. Ainsi S. Paul re-
commandoit de prier pour les Rois et les autres
Puissances, afin, ajoutoit-il, que nous passions une
vie calme et tranquille, selon la religion et les
mœurs : UT QUIETAM ET TRANQUILLAM VITAM AGA-
MUS IN OMNI PIETATE ET CASTITATE (1 Tim. 2. 2.).
Sans doute le Souverain est obligé de mettre les
lois civiles en harmonie avec les lois religieuses,

et de favoriser, autant qu'il est en lui, la propaga-
tion de la foi; mais c'est à lui de juger jusqu'à quel
point il peut intervenir dans les efforts des ministres de la Religion (car il faut de la mesure en tout,
SAPERE AD SOBRIETATEM), et, dès que les Chrétiens
sont libres de faire leur devoir, ils peuvent désirer,
mais non exiger davantage.

C'est d'après ces principes que nous allons examiner les principaux articles de la Charte, ceux
surtout qui donnent lieu aux discussions dont nous
sommes affligés. Les personnes qui n'admettent pas
ces principes feront bien de s'arrêter ici : nous n'espérons pas les convaincre. Mais celles qui les re-
connoissent liront avec fruit, nous l'espérons, les
développements dans lesquels nous allons entrer.

ART. 1.

« Les François sont égaux devant la loi, quels
« que soient d'ailleurs leurs titres et leurs rangs. »

Il étoit difficile de mieux énoncer ce qu'il y a de
juste dans ces idées d'*égalité* dont on a tant bercé
l'orgueil des sots et des ambitieux dans le dernier
siècle. On a beaucoup applaudi sans doute ces vers
d'un poëte fameux :

> Les hommes sont égaux; ce n'est point la naissance,
> C'est la seule vertu qui fait la différence.

Cette pensée, qui est noble et vraie dans son ensemble, est pourtant fausse et presque ridicule quand on l'examine de près. Il y a entre les hommes une multitude de différences qui ne tiennent point à la vertu : les talents, le courage, la force physique, la beauté, sont des qualités naturelles qui différencient les hommes. Si l'on considère ensuite les services rendus, les belles actions, les souvenirs de famille, etc., on sentira combien l'égalité des républicains étoit absurde [1]. Le Souverain doit donc reconnoître *les titres et les rangs* que la constitution de 1791 avoit proscrits, mais en rappelant bien qu'ils n'empêchent point *l'égalité devant la loi*. La Charte sous ce rapport a été généralement respectée, et les François du Tiers-État savent comment certains hommes du Clergé et de la Noblesse ont été traités d'après les lois.

ART. 2.

« Ils contribuent indistinctement, dans la pro-
« portion de leur fortune, aux charges de l'État. »

---

[1] Voici ce qu'écrivoit en 1795, à ce sujet, le rapporteur de la commission qui rédigea la constitution de l'an 3 (M. Boissy-d'Anglas) :

« L'égalité civile, en effet, voilà tout ce que l'homme raison-
« nable peut exiger. L'égalité absolue est une chimère ; pour
« qu'elle pût exister, il faudroit qu'il existât une égalité entière
« dans l'esprit, la vertu, la force physique, l'éducation, la
« fortune de tous les hommes. »

Nous ne pensons pas que les droits féodaux soient assez sérieusement regrettés pour inspirer de la répugnance contre cet article. Quant aux biens du clergé, comme ils ont disparu pendant la révolution, ceux qui en ont été privés consentiroient bien volontiers à payer maintenant les contributions, s'il ne falloit que cette cession pour les recouvrer. Nous aurons lieu plus tard de développer ces considérations. Maintenant nous ne connoissons aucune objection à résoudre.

ART. 3.

« Ils sont tous également admissibles aux emplois civils et militaires. »

Ce qui frappe le plus en lisant cette déclaration, c'est l'inutilité absolue dont elle étoit réellement. En effet à quelle époque de la monarchie ce principe n'a-t-il pas été respecté ? L'histoire nous montre dans tous les rangs, dans toutes les places, des plébéiens que leur mérite y avoit portés, quelques-uns même qui y étoient arrivés par intrigue. Si à certaines époques des règlements d'étiquette ont essayé des exclusions, le bon sens public et surtout le noble et généreux cœur de nos Rois en ont eu bientôt fait justice. Mais Louis xviii a voulu que de pareilles tentatives ne se renouvelassent plus, et il a écrit le troisième article de la Charte. Je sais bien que certaines personnes tendront toujours à

obtenir des priviléges, et que d'autres crieront toujours contre les priviléges. Je sais bien que plus
d'une fois on pourra dire avec justice, en voyant
certaines promotions :

La faveur l'a pu faire autant que le mérite.

Mais quelle Charte pourroit empêcher les ambitieux d'intriguer, les vainqueurs de se prévaloir,
les vaincus de se plaindre, et les observateurs de
censurer ?

ART. 4.

« Leur liberté individuelle est également garan-
« tie, personne ne pouvant être poursuivi ni ar-
« rêté que dans les cas prévus par la loi, et dans
« la forme qu'elle prescrit. »

Cet article ne donne lieu, je pense, à aucune
observation. Nous noterons seulement la *première
espèce de lois* qui y est indiquée, les lois relatives
à la *liberté individuelle.*

ART. 5.

« Chacun professe sa religion avec une égale liberté,
« et obtient pour son culte la même protection. »

Les Rois de France n'ont pas tous été d'accord
sur ce point. Anciennement la Religion catholique
étoit seule autorisée. Henri iv, ayant abjuré le
protestantisme, crut apaiser les troubles et réparer
les malheurs de son royaume en donnant aux pré-

tendus réformés une certaine liberté, et *l'édit de Nantes* fut publié. La *Révocation* de cet édit est un des actes de Louis XIV qui a le plus donné lieu à de vives discussions. Louis XVI revint sur cette mesure en 1787 ; et ainsi avant la révolution la Religion protestante étoit tolérée en France. Nous ignorons si les partisans de l'ancien régime voudroient remonter avant 1787. Mais ce qu'il est facile de savoir, c'est que ni Henri IV ni Louis XVI ne furent excommuniés par le Pape ni par les Évêques pour avoir donné plus de liberté aux dissidents. Nous croyons même que plus d'un catholique approuva ces importantes mesures, adoptées d'ailleurs par le plus grand nombre des États où la Religion catholique est dominante. Nous ne voyons donc pas pourquoi on blâmeroit Louis XVIII et Charles X qui usent de la même tolérance. Sans doute la Charte dit plus que tolérance, puisqu'elle annonce la *protection*. Mais la protection est une conséquence nécessaire de la tolérance quand il s'agit du *culte*. Si en effet le gouvernement ne protégeoit pas, ne mettoit pas à couvert, ne défendoit pas les cultes reconnus permis, contre les perturbateurs qu'un faux zèle porteroit à les attaquer, l'ordre public lui-même en souffriroit ; et, dans certaines contrées surtout, il pourroit en résulter des troubles sérieux, peut-être des guerres civiles. Ainsi, selon le texte de la Charte, *la liberté des cultes* est établic, sans qu'il y ait aucune violation des lois de la Religion catholique. D'un autre côté, les dissidents ne sauroient demander rien de plus à un gouvernement sage, qui, même en n'adoptant aucune Religion, ne pourroit évidemment faire davantage pour aucune de celles qui seroient pratiquées dans le pays. D'après l'article 5, tous les François, quelque religion qu'ils professent, ont obtenu tout ce que S. Paul demandoit pour les premiers chrétiens et pour lui-même, de *passer une vie calme et tranquille, selon la religion et les mœurs.* La préférence accordée par l'État à la Religion catholique n'ôte rien aux autres de ce qu'elles avoient droit de prétendre.

ART. 6.

« Cependant la Religion catholique, apostolique
« et romaine est la Religion de l'État. »

On ne conçoit pas, après avoir lu cette profession de foi, comment un homme raisonnable a pu dire qu'en France l'État est athée. Cependant un des écrivains les plus distingués de notre époque a essayé de soutenir cet étrange paradoxe, et, dans notre examen de la Charte, nous avons besoin, à cause même du grand talent et de la réputation de M. l'abbé de la Mennais [1], d'observer toute l'é-

---

[1] Il paroît que M. de la Mennais est bien revenu sur son anti-

tendue de cette déclaration solennelle en faveur de l'Église romaine. Puisque la Religion catholique est la religion de l'État en France , *l'État est donc catholique.* Par conséquent , il reconnoît l'Église Romaine, et son autorité, sa doctrine, sa perpétuité ; par conséquent il adopte sa morale, sa discipline , ses sacrements ; par conséquent il professe son culte. Il résulte de là que les relations du Roi de France avec le Pape, dans l'ordre religieux, sont ceux d'un fils avec son père, quoique, dans l'ordre civil , il traite toujours de Souverain à Souverain. Les lois de l'Église catholique sont des lois pour l'État , de manière que les magistrats et l'administration ne puissent prononcer ni agir en contradiction avec elles , par exemple, reconnoître la validité du mariage d'un prêtre catholique. Les fêtes que l'Église ordonne de célébrer seront observées en France. Les règlements pour les sépultures des catholiques seront suivis. Le titre de prêtre sera reconnu. Les vœux de religion pourront être obligatoires même dans l'ordre civil. Les cardinaux et les évêques seront honorés comme fonctionnaires publics , comme grands dignitaires. Tout cela se trouve dans l'article que nous examinons. Nous ne

---

pathie pour la Charte. Dans un nouvel ouvrage , *les Progrès de la Révolution,* il trouve très juste qu'on demande *l'exécution franche et loyale de la Charte jurée par le Prince.*

prétendons pas néanmoins que ces conséquences soient toutes nécessaires ; mais, si elles sont utiles, elles peuvent être défendues. Nous ne prétendons pas qu'il soit utile de les reconnoître formellement ; mais, si le bien de l'État le demandoit un jour, elles seroient proclamées sans violation de la Charte. Nous ne prétendons pas que toutes celles qu'il étoit bon de proclamer l'aient été ; mais nous expliquons le texte de la Charte, et nous en laissons l'application à ceux auxquels elle appartient. Et nous parlons ainsi, parce que, dans notre opinion, tout ce qui seroit exagéré ou inopportun seroit dangereux et blâmable. Beaucoup de choses sont permises, dit S. Paul, qui ne sont pas avantageuses. C'est à l'autorité, c'est au gouvernement, c'est au Roi, éclairé par les Évêques et les Magistrats, de juger s'il est avantageux ou non d'admettre comme règle dans l'État ce qui n'est pas absolument nécessaire pour le bien spirituel des peuples. En attendant et dans tous les cas, les François de toutes les opinions ne sauroient trop méditer les sages tempéraments consacrés dans ces deux articles par la sagesse de Louis xviii, et les catholiques doivent recevoir celui-ci avec reconnoissance. Qu'ils observent ce qui leur est donné, qu'ils respectent les règles établies, et toute la France y gagnera. Plus un catholique est instruit et vertueux, plus il sait entretenir la charité, la concorde, la véritable tolérance, cette tolérance qui combat l'erreur, mais plaint ceux qu'elle égare; qui appelle les dissidents, non des ennemis, mais des frères; qui poursuit les brebis pour les ramener au bercail, mais fait avec tous l'office d'un bon et charitable pasteur. Ainsi nous comprenons l'article 6 de la Charte; ainsi nous trouvons qu'il satisfait à tous les vœux et à tous les droits. Sur une matière aussi importante et aussi délicate, nous avons dû entrer dans de plus amples développements. Notre caractère nous en faisoit d'ailleurs un devoir, et la multitude des déclamations auxquelles ces deux articles ont donné lieu nous servira d'excuse auprès des bons esprits.

ART. 7.

« Les Ministres de la Religion catholique, apos-
« tolique et romaine, et ceux des autres cultes
« chrétiens, reçoivent seuls des traitemens du trésor
« royal. »

Cette proposition peut être entendue de deux manières. Dans le sens collectif, elle veut dire que les ministres de *tous* les cultes chrétiens reçoivent *nécessairement* des traitemens du trésor royal. Dans le sens exclusif, elle signifie que, le trésor royal donnant des traitements aux ministres des cultes, ceux des cultes chrétiens y ont *seuls* droit. La nécessité de l'allocation des traitemens pour les cultes chrétiens est généralement admise, comme conséquence de la Charte, et c'est pourquoi une question s'est élevée parmi les théologiens catholiques sur la conformité de cette disposition avec les principes de la foi, qui semblent ne pas permettre qu'un État catholique soutienne, en les salariant, les cultes dissidents. Mais, quelque sentiment qu'on embrasse, cette faveur accordée aux chrétiens non catholiques ne peut gêner la conscience de ceux qui sont appelés à prêter sermen tà la Charte. La conduite de tant d'Évêques et d'autres Ecclésiastiques qui lui ont juré obéissance, soit comme Pairs de France, soit en d'autres qualités, lève tout scrupule à ce sujet, et permet de faire remarquer à tous les François, à quelque religion qu'ils appartiennent, quelle a été la bonté de l'auteur de la Charte, qui, en proclamant comme religion de l'État celle de l'immense majorité d'entr'eux, a voulu néanmoins que les autres ne fussent pas obligés de payer des impôts qui servissent aux ministres d'un culte différent. Et cette considération pourroit un jour déterminer le gouvernement à spécialiser les revenus publics, de manière que le clergé catholique et celui des autres cultes reçussent des traitements prélevés sur les contributions de leurs coreligionnaires. Ainsi, tous les scrupules, toutes les difficultés, toutes les plaintes, disparoîtroient, et la Charte auroit encore sur ce point tout concilié, suivant l'esprit de son auteur.

ART. 8.

« **Les François** ont le droit de publier et de
« faire imprimer leurs opinions, en se conformant
« aux lois qui doivent réprimer les abus de cette
« liberté. »

La déclaration de Saint-Ouen, en énumérant
les principales dispositions de la Constitution fu-
ture, portoit : *La liberté de la presse respectée,
sauf les* PRÉCAUTIONS *nécessaires à la tranquillité publique.* La première pensée de Louis
XVIII n'étoit donc pas de proscrire les *précautions*,
comme l'ont prétendu certains Députés et certains
Pairs, quand il s'est agi de faire des lois *répres-
sives.* Ces érudits législateurs, le Dictionnaire de
l'Académie à la main, ont soutenu que *réprimer*
avait une signification tout-à-fait étrangère à *pré-
venir.* Mais ces messieurs auroient bien fait, en
même temps, d'indiquer le mot générique qui eût
compris et les *précautions* et les *punitions ;* car
ils auroient alors aidé les rédacteurs de la Charte,
qui ont été embarrassés eux-mêmes de trouver un
autre terme que *réprimer.* Il nous semble donc
que cette expression ne doit point être interprétée
judaïquement d'après la définition d'un Dictionnaire, et que les hommes sages doivent admettre
une expression plus libérale, et conforme à l'usage

habituel de ce mot. La surveillance qui empêche le mal, vaut bien la sévérité qui le punit. Cependant nous sommes bien loin d'admettre une *censure* qui détruise la *liberté* ; nous donnons à cette surveillance de l'autorité publique un pouvoir semblable à celui qu'elle avoit chez les Romains, où les *Censeurs* n'empêchoient certainement pas la République de subsister, avec d'assez larges franchises pour les opinions et les actes. Aussi nous ne comprenons pas pourquoi, afin d'éviter des *précautions* aussi vexatoires souvent que la censure la plus absolue, comme le dépôt à la direction de la librairie, etc., on n'a point adopté le moyen si simple de la *censure facultative*. Il y auroit alors plus de *liberté* pour les auteurs et imprimeurs, plus de facilité, d'indépendance et d'estime pour les censeurs, plus de sécurité pour le gouvernement, plus de gages pour la *tranquillité publique*. Nous sommes persuadé qu'une loi très favorable à la *liberté* peut être faite pour régler l'usage de la presse, et il est bien fâcheux que maintenant les esprits soient si exaspérés à ce sujet. Mais une des causes de cette exaspération qu'il nous faut surtout observer, c'est l'oubli ou l'ignorance de la disposition que nous examinons ; les uns blâmant la Charte parce qu'elle a consacré *la liberté de la presse* et ses excès ; les autres accusant le gouvernement, qui met des entraves à l'usage de cette liberté. Or, rien dans la Charte ne fait mention de la *liberté de la presse ;* ces mots ne s'y trouvent pas. Il n'y est question que de la *liberté* accordée aux *François, de publier et de faire imprimer leurs opinions.* Cette latitude, cette liberté illimitée, ne sont donc pas dans la Charte. Quiconque n'est pas *François*, n'a le droit de rien publier en France. Le François lui-même n'a pas le droit de publier les *opinions des autres.* Les imprimeurs ne sont point autorisés par la Charte à *imprimer* tout ce qu'on leur présente. Les *réimpressions* ne sont nullement comprises dans l'article fameux que nous expliquons; et, quand un auteur est mort, il ne peut *faire réimprimer* ses opinions. Voltaire et Rousseau seroient proscrits, la Charte à la main, aussi bien que Jansénius et Molina, si la loi civile le vouloit. Du reste, la part de la *liberté* est encore assez belle, et puisque enfin il faut qu'il y ait un gouvernement là où l'on ne veut point qu'il y ait anarchie, et que Buonaparte lui-même désespéroit de gouverner un peuple qui liroit certains ouvrages, ceux qui ne veulent pas l'anarchie consentiroient à *réprimer* par des lois sages, c'est-à-dire modérées, les suppôts de la révolte et de l'impiété, qui, par la destruction de la religion et des mœurs, en viennent à faire proscrire Dieu et le Roi, pour mettre en leur place Robespierre et une prostituée. Les lois relatives à

(30)

la *liberté de la presse* sont la *seconde espèce* de lois que la Charte suppose ou recommande [1].

ART. 9.

« Toutes les propriétés sont inviolables sans
« aucune exception de celles qu'on appelle natio-
« nales, la loi ne mettant aucune différence en-
« tr'elles. »

Le droit qu'avoit le Roi de prononcer la validité des ventes faites pendant la révolution ou du moins de les déclarer irrévocables est sans doute un droit extraordinaire, et, pour me servir d'un terme de jurisprudence, exorbitant, c'est-à-dire, hors des règles habituelles de la matière. Cependant il n'est pas plus possible de le lui contester que de dispu- ter au Pape Pie VII celui de faire le concordat de 1801 et de déposséder malgré eux un grand nombre d'Évêques de France. Les révolutions des États entraînent après elles des difficultés si nombreuses et tellement inextricables qu'on ne peut espérer de les résoudre : il faut trancher, et,

----

[1] M. l'abbé de la Mennais, en parlant des *Progrès de la révo- lution*, n'y fait entrer pour rien l'abus de la liberté de la presse, et il veut que le gouvernement *renonce à l'idée folle de mettre les esprits aux fers*. Nous ne partageons point sa sécurité, quoique la liberté soit aussi fort de notre goût. Nous nous rap- pelons l'épigraphe d'un journal de 1790 : *La liberté sans la raison est une arme funeste.*

si le Souverain n'en avoit pas le droit, tout seroit perdu dans l'État. Au reste le Pape a reconnu ce droit dans Louis XVIII, pour ce qui regarde les biens de l'Église ; et les anciens serviteurs du monarque, quoique privés souvent de toute autre ressource, ne le lui ont pas contesté. La théologie enseigne formellement qu'il y a dans le gouvernement de l'État un *haut domaine*, d'après lequel, quand le bien public l'exige, il peut disposer des biens des particuliers. Nous ne comprenons donc pas comment des prêtres respectables ont pu être accusés d'avoir blâmé publiquement cette mesure. S'ils l'ont fait, ils ont oublié leur devoir et comme prédicateurs et comme sujets du Roi. Sans doute, parmi les hommes qui ont profité des ventes révolutionnaires, il y en a qui n'étoient pas de bonne foi et qui dépouilloient les autres contre leur propre conscience. Mais ils savent bien à quoi s'en tenir d'après les règles générales de l'équité, et ces cas particuliers n'empêchent pas que le principe que nous avons rappelé ne soit incontestable et que l'application qui en en a été faite ne fût de la plus indispensable nécessité. C'est à cette seconde considération que nous prions, comme chrétiens et comme François, les honorables victimes de la révolution de s'arrêter souvent, et avec l'attention que mérite un grand devoir. Ils gémiront, mais ils se soumettront. En méditant nous-mêmes ces vérités sévères , nous regrettons plus vivement encore que, dès les premiers temps de la restauration, on n'ait pas accueilli la sage et touchante proposition d'un noble Maréchal de France qui sollicitoit pour les victimes une indemnité , accordée à la fin , mais trop tard peut-être pour bien des raisons. *Ah! si le Roi avoit su* plus tôt tout ce que pouvoit la France en réparations ! Le Roi de Sardaigne a essayé et plus tôt et plus largement, et il a réussi, sans vexer personne. Rallions-nous autour du Roi et de la Charte, et bien d'autres obstacles encore s'aplaniront ; le seul qui fût insurmontable étant ainsi tourné , pour me servir de cette expression, l'union des cœurs et l'estime mutuelle qui s'établiront entre l'ancien et le nouveau régime dédommageront les uns de leurs pertes et les autres de leurs sacrifices.

ART. 10.

« L'État peut exiger le sacrifice d'une propriété
« pour cause d'intérêt public légalement constaté ,
« mais avec une indemnité préalable. »

Voilà une application adoucie du principe que nous avons rappelé tout à l'heure. Il y a en effet des *sacrifices* pour lesquels on ne sauroit trouver de dédommagement, notamment le sacrifice de la vie , que *l'État peut exiger* dans certains cas. D'ailleurs l'intérêt bien entendu des individus est dans *l'intérêt public ;* ce qui a donné lieu à ce fameux adage : *le salut du peuple est la suprême loi ,* SALUS POPULI SUPREMA LEX ESTO. Mais en France , maintenant , nous devons vivre comme des frères ; et quand quelqu'un de nous fait un sacrifice à l'intérêt public , tous les autres s'unissent pour le dédommager, et il reçoit une *indemnité préalable.*

ART. 11.

« Toutes recherches des opinions et votes émis « jusqu'à la restauration sont interdites. Le même « oubli est commandé aux tribunaux et aux citoyens. »

La Religion et la Politique s'unissent ici pour recommander à notre attention une si sage disposition. Toutes les convenances se trouvent observées dans cet énoncé. La charité et la nécessité proscrivoient les *recherches ;* c'étoit la conésquence du Testament de Louis XVI, noble victime dont le *pardon* devoit être honoré. La Charte ne parle point de pardon , ce mot eût choqué certaines oreilles ; elle *commande l'oubli ,* autant que *l'oubli* peut être commandé. Mais *l'union* peut l'être, et il faut fouler aux pieds tous les principes du christianisme pour ne pas se conformer à une loi si juste et si nécessaire. Quand donc la révolution aurat-elle son terme , si les esprits restent toujours ai-

3

gris, si les haines se propagent dans la suite des générations, si des fils innocents sont punis, par un mépris insultant, des crimes de leurs pères ? Vous avez été injustement dépouillés et proscrits. Mais votre Dieu est mort en priant pour ses bourreaux, et le dernier mot de votre Roi a été : *Je pardonne.*

ART. 12.

« La conscription est abolie. Le mode de recru-
« tement de l'armée de terre et de mer est déter-
« miné par une loi. »

Une voix auguste, animée par un cœur généreux, fit entendre en 1814 ces paroles qui retentirent par toute la France : *Plus de conscription ! plus de droits réunis !* C'étoit le vœu d'une belle ame plus que le calcul d'une sévère politique. Nous pensons pourtant que ce double vœu pouvoit être rempli autrement que par la substitution des *contributions indirectes,* et par la loi du *recrutement* telle qu'on nous l'a faite il y a quelques années. Cependant il est juste de dire que le principe de la *conscription* est véritablement détruit, puisque, une fois la levée finie, la libération de ceux qui n'ont point été appelés est complète ; puisqu'après un temps bien déterminé les jeunes soldats sont rendus à leurs familles, à leurs travaux. Mais, sous des influences trop peu monarchiques, cette loi a trop oublié que

le Roi est le général en chef de l'armée, laquelle
ne seroit pas plus mal traitée, si les grands services
étoient récompensés aussi bien que les longs services, et si la croix d'honneur étoit donnée aux
hommes et non aux régiments. Quoi qu'il en soit,
la *loi sur le recrutement* (3ᵉ *espèce* des lois indi-
quées par la Charte) assure aux mères et aux épou-
ses, aux arts et à l'industrie, à la religion et au
barreau, la présence de ces jeunes François qui
savent *se battre* comme le brave Henri, mais qui
veulent comme lui la paix après la guerre, et *la
poule au pot* pour leurs vieux parents.

Parmi les autres articles de la Charte, il en est
qui n'ont pas besoin d'explication, soit parce qu'ils
sont en général bien compris, soit parce qu'ils n'ont
rapport qu'à des détails assez indifférents par eux-
mêmes. Nous ne voulons point parler de ceux que
Louis xviii lui-même appela *Points règlementaires* en 1819; nous croyons qu'il y a peu de ces
sortes d'articles dans la Charte, et la loi proposée
à cette époque nous a paru une calamité, non pas
précisément à cause de ses dispositions, qui peuvent
avoir leurs avantages, mais à cause de la funeste
conséquence qui pouvoit résulter et qui résultera
probablement de cette altération de la Charte, dont
tous les mots devroient être respectés, sans qu'on
en altérât un seul. Si donc nous passons certains
articles, ce n'est point que nous croyions qu'on

puisse les retrancher ; c'est seulement parce que leur examen ne nous aura suggéré aucune observation intéressante.

Nous sommes arrivés à ceux qui sont intitulés *Formes du gouvernement du Roi.* Ce titre lui-même est un éloge de la sagesse de Louis xviii, qui n'a pas voulu consigner dans la Charte ses droits au trône de France, droits préexistants et supérieurs à la Charte, droits sans lesquels il ne pouvoit donner la Charte et qui en sont les plus sûrs gardiens, droits inaliénables pour le bonheur de la France aussi bien que pour la gloire des Bourbons. Il a mis dans la Charte l'exposé des *formes* auxquelles il veut bien assujettir son *gouvernement.* Il est difficile que les hommes les plus amis de la liberté n'en soient pas aussi contents que les serviteurs de la monarchie, s'ils comprennent bien la combinaison des concessions et des réserves, la distribution et la balance des pouvoirs, l'importance de certaines *formes,* et la valeur de certains mots.

ART. 13.

« La personne du Roi est inviolable et sacrée.
« Ses ministres sont responsables. Au Roi seul ap-
« partient la puissance exécutive. »

Si la Charte avoit été écrite en 1792, Louis xvi n'auroit pas été jugé par ses propres sujets ni conduit à l'échafaud. Deseze et Malesherbes auroient confondu leurs fougueux adversaires par ces seuls mots : *La personne du Roi est inviolable et sacrée,* et il n'y a point ici d'*abdication présumée*. Le principe existoit ; il avoit été professé. Mais les paroles s'envolent et les écrits restent, dit un vieux adage. Les conventionnels les plus furibonds n'auroient osé *violer* ouvertement *la Charte*. Et l'on croit la Charte ennemie du Roi ! *La responsabilité des ministres* n'est point non plus un principe anti-monarchique, quand on voudra le bien entendre. Cette responsabilité, qui ne suppose ni la diffamation ni l'injure, a l'avantage de laisser toujours à l'opinion un moyen de penser que *le Roi ne sauroit mal faire ;* et, dans la réalité, le Roi agissant d'après les rapports des ministres et se déterminant d'après leurs conseils, c'est aux conseils, c'est aux rapports, qu'il convient d'attribuer les erreurs. Il reste à faire une loi pour régler cette responsabilité ; nous attendrons encore, ce qui n'est peut-être pas le mieux pour les ministres ni pour la France. Heureusement *au Roi seul appartient la puissance exécutive*. Depuis tout-à-l'heure quarante ans jusqu'à la restauration, nous avons vu *le pouvoir exécutif* passer dans toutes sortes de mains, et nous savons ce qui en est résulté. Nous avons vu aussi les trois sortes de pouvoirs dans la même main, l'exécutif, le législatif, et le judicaire, et nous savons comment cette main, ici montrant son épée, là fermant la bouche aux opposans, plus loin rassemblant des commissions militaires qu'elle dispersoit le lendemain, a fait trembler l'Europe, la France, et les familles. Il est bon que tous soient maintenant rassurés par la répartition et l'usage de la puissance souveraine. Le pouvoir exécutif doit être un pour n'être pas nul ou dangereux; nul à cause des obstacles qu'il rencontreroit, dangereux à cause des troubles qui seroient la suite du partage. Il en résulte que les Chambres législatives doivent, dans leurs discussions, garder certaines bornes et ne pas exiger que le gouvernement rende raison de tout sans exception; autrement l'administration passeroit bientôt dans les Chambres. Suivant notre opinion, dès qu'il n'y a point prévarication évidente dans l'emploi des deniers publics ou des forces de terre et de mer, elles ne peuvent refuser les allocations qui sont demandées. Autrement elles seroient elles-mêmes coupables d'une véritable usurpation. Elles ont d'ailleurs des moyens plus convenables pour animer la vigilance ou réprimer l'ambition des ministres; et les représentations respectueuses présentées au Roi par les grands corps d'État, animés habituellement d'un esprit de conciliation et de paix, auront des effets bien autrement avantageux que les déclamations et les scissions.

Art. 14.

« Le Roi est le chef suprême de l'État ; com-
« mande les forces de terre et de mer ; déclare
« la guerre ; fait les traités de paix , d'alliance et
« de commerce ; nomme à tous les emplois d'ad-
« ministration publique, et fait les règlemens et
« ordonnances nécessaires pour l'exécution des lois
« et la sûreté de l'État. »

C'est ici que se trouve la consécration du principe de la monarchie. Il n'y a qu'un seul *chef suprême* ; il n'y a réellement qu'un seul *Souverain*
en France. Toutes les *forces* sont soumises à *l'o-
béissance* envers celui qui les *commande* ; tous
les actes *extérieurs* du gouvernement sont faits
par le Roi seul et en son nom personnel ; tous les
actes d'administration *intérieure* sont opérés par
ses *agens*, par les *gens du roi :* voilà pour le cours
habituel des choses. Mais arrive-t-il quelque dé-
rangement dans la marche des affaires ; *la sûreté
de l'État* est-elle compromise ; dès lors le Roi est
investi d'un pouvoir *dictatorial ;* ses *ordonnances*
ont force de loi ; et de même que les troupes lui
doivent *obéissance*, de même les tribunaux doivent lui prêter main-forte, et juger, s'ils sont saisis
d'une affaire, d'après les ordonnances et les règlements qu'il a plu au Roi de publier. Ainsi, qu'un
usurpateur, après avoir abdiqué le pouvoir dont

on pouvoit sans cette formalité le croire déchu, revienne apporter en France ses prétentions et la révolte, qu'il entraîne après lui des *officiers* de l'armée et des *magistrats* infidèles à leurs serments ; le Roi, usant de sa *pleine puissance*, pourra bannir les rebelles, même sans jugement en règle ; et l'ordonnance de Louis XVIII, en date du 24 juillet 1815, étoit parfaitement d'accord avec la Charte. Par conséquent, d'après la Charte, dans tous les cas le Roi a la *force* et le *droit* pour lui. Pourquoi des publicistes ne développent-ils pas cette doctrine ? Elle est la seule qui puisse conserver la *tranquillité* et la *liberté* publique, que des ambitieux ne parviendroient ainsi jamais à troubler. S'il y a abus dans l'exercice de l'autorité royale, qu'on juge les ministres, et qu'on obéisse au Roi.

ART. 15.

« La puissance législative s'exerce collective-
« ment par le Roi, la Chambre des Pairs, et la
« Chambre des Députés des départemens. »

Quiconque FAIT LA LOI, *exerce la souverai-
neté*, a écrit il y a deux ans un homme célèbre. Nous ne croyons pas qu'il ait voulu jouer sur les mots, mais il a certainement abusé d'une proposition incontestable, pour en venir à conclure que le Roi n'est pas le *Souverain* en France : il prétend en effet prouver que la souveraineté réside dans les

Chambres, auxquelles il finit, à force de raisonnements, par attribuer tous les pouvoirs. Nous li-
sons la Charte et nous y trouvons tout le contraire.
Sans doute, la *puissance législative* est le princi-
pal attribut de la souveraineté ; mais, d'abord, les
Chambres ne l'exercent que *collectivement* avec
le Roi ; ensuite, d'après les articles suivants, elles
n'ont, dans la confection de la loi, que la moindre
part, puisque l'*initiative*, les *modifications*, la
sanction et la *promulgation* sont réservées au Roi,
ou du moins dépendent absolument de lui, comme
nous le verrons. Les Chambres exercent la puissance législative, mais les tribunaux exercent le
pouvoir judiciaire, et il y a des tribunaux sans
appel, des Cours *souveraines* qui jugent même
contre la volonté bien connue du Roi. Dira-t-on
que les Cours royales ont la souveraineté ? Que
sera-ce, si nous nous reportons à l'ancien régime ?
Une ordonnance du Roi n'avoit force de loi que
quand elle étoit *enregistrée* aux *Parlements*, et
plus d'une fois les Parlements ont refusé l'enregis-
trement. Les Parlements étoient-ils *souverains*,
et le Roi subordonné à leur pouvoir ? Les arrêts des
Parlements étoient exécutoires, lors même qu'ils
avoient évoqué une affaire contre le gré du Roi,
et celle des Jésuites est un exemple fameux de
l'autorité de la magistrature. La magistrature n'é-
toit néanmoins qu'un pouvoir subordonné, ren-

dant la justice *au nom du Roi*, qui pouvoit exiler les magistrats indociles et usurpateurs. Je le veux, les *Chambres législatives* ont dans la confection des lois une part plus directe et plus importante que les *Parlements*. Mais il ne s'ensuit nullement qu'elles soient au dessus du Roi. Si certains faits, certains discours, certaines prétentions, ont pu donner lieu aux craintes de M. de la Mennais, la Charte à la main il se serait bientôt rassuré. Car enfin le Roi saura bien aussi la lire quand il sera temps. Du reste, la concession est assez large pour contenter les vœux du siècle, et se mettre en harmonie avec les progrès de la civilisation. Les républicains eux-mêmes n'en auroient pas demandé plus ; les cahiers des états généraux en 1789 ne contenoient point de telles prétentions.

ART. 16.

« Le Roi propose la loi. »

C'est donc le Roi qui a *l'initiative*. Il s'est trouvé des publicistes dont la logique est parvenue, à force de sophismes, à conclure que la marche opposée eût été plus digne du Roi, dont les *projets de loi* n'auroient pas été exposés à la *discussion*, ni aux *amendements*, ni au *rejet*. Le Roi auroit *adopté* les lois discutées par les Chambres, sur la proposition de quelqu'un de leurs membres ; ce qui nous auroit ramenés au bon temps où les *motions patriotiques* étoient accueillies et votées par acclamation; l'assemblée et les *tribunes* applaudissant d'un commun accord [1]. Mais Louis xviii a pensé qu'on ne pouvoit mettre trop de maturité et de sang froid dans la préparation d'un projet de loi, et il a voulu que la loi ne fût *proposée* que par l'autorité qui la *sanctionneroit*. Les Chambres néanmoins peuvent exprimer leur *vœu pour une loi* qui leur paroît utile ; les articles 19, 20 et 21 indiquent la marche à suivre pour cet objet, et l'expérience a prouvé combien ces règles avoient été sagement combinées. Nous croyons inutile de les expliquer; il suffit de les lire.

ART. 17.

« La proposition de la loi est portée, au gré du « Roi, à la Chambre des Pairs ou à celle des Dé- « putés, excepté la loi de l'impôt, qui doit être « adressée d'abord à la Chambre des Députés. »

Une remarque bien importante est la latitude donnée à la partie exceptionnelle de cet article. Il n'y est question que de la *loi de l'impôt*,

---

[1] Au Parlement d'Angleterre, l'une et l'autre Chambre ont l'initiative, comme le Roi. Mais quand on songe aux nombreuses et fortes mesures prises pour empêcher les erreurs et la précipitation, on comprend combien notre Charte est plus simple et mieux conçue.

c'est-à-dire , du *budget* , et on entend par là maintenant toutes les lois de finances , même les plus étrangères à l'assiette des impôts. Certainement la Chambre des Pairs peut aussi-bien que celle des Députés examiner d'abord la loi pour le *règlement des comptes* , où rien n'est *imposé* et où tout le travail consiste à s'assurer de l'exécution de la *loi de l'impôt*. Beaucoup d'autres lois où il est question d'argent sont dans le même cas ; et si la Chambre des Pairs les discutoit d'abord, elle seroit un peu dédommagée de la violence qu'on lui fait chaque année, pour voter à peu près de confiance la loi du budget de l'année suivante. On ne conçoit pas que des idées si simples soient étrangères à nos hommes d'État. Qu'ils lisent donc la Charte (Voyez l'article 47).

ART. 18.

« Toute loi doit être discutée et votée librement « par la majorité de chacune des deux Chambres. »

En Angleterre, il suffit de *soixante membres* , je crois, sur cinq ou six cents , pour *discuter et voter* une loi dans la Chambre des Communes, si bien que , les gens *modérés* étant absents , quelques douzaines de têtes chaudes peuvent décider du sort de l'État. En France, nous sommes plus sages, et la *majorité* des Chambres nous annonce des délibétions plus mûres. Puissent nos Pairs et nos Députés être assez bien portants et assez zélés pour que les lois soient discutées et votées par la *totalité* des deux Chambres !

ART. 19.

« Le Roi seul sanctionne et promulgue les lois. »

On se demande ici pourquoi les règles à suivre dans la *discussion* des lois ne sont pas tracées avant d'en venir à la *sanction*, et sont rejetées au milieu d'autres articles qui souvent n'y ont point de rapport [1] ; pourquoi surtout l'article relatif aux *amendements*, où l'autorité du Roi est si nécessaire, est perdu dans la foule parmi les détails qui regardent la *Chambre des Députés*. Cependant les *Ministres du Roi* doivent prendre part à la discussion ; les *Commissaires du Roi* y sont indispensables. Cette confusion n'a pas été remarquée, mais elle est très fâcheuse. Nous aurons surtout à le montrer sur l'article 46. Celui que nous examinons attribue au *Roi seul* la *sanction* et la *promulgation* des lois. La discussion, les amendements introduits, surtout dans le système présent,

---

[1] Sans doute on a voulu rassembler ici tout ce qui est propre au Roi dans la confection des lois. Mais les inconvénients que nous signalons montrent combien les meilleurs classements sont imparfaits.

les changements des circonstances, et une multitude de considérations, peuvent déterminer le Roi à *refuser* ou à *différer* la *sanction*. Il peut également chercher et adopter le temps et le mode les plus convenables pour la *promulgation*. Tout ce qui regarde ces deux actes de souveraineté se règle par des *ordonnances*. Comment donc le Roi n'est-il pas *Souverain*? Les Cortès d'Espagne et de Portugal avoient mis, dans leurs constitutions, ces actes du Roi sous leur dépendance. Mais il n'en est pas ainsi parmi nous.

ART. 23.

« La liste civile est fixée, pour toute la durée du « règne, par la première législature assemblée de- « puis l'avénement du Roi. »

Il étoit convenable de distinguer, et par le nom et par le mode d'allocation, les *revenus* du Roi, des *traitements* qui sont contenus dans le budget et discutés chaque année. Le Roi en outre a ses *domaines*, et les Princes leur *apanage*. Ils aiment tous d'ailleurs à être les *premiers citoyens* de l'État. Heureux les François, si tous les autres faisoient de leur fortune l'usage qu'ils en font !

Nous arrivons à la partie de la Charte qui concerne la *Chambre des Pairs,* et nous nons arrêtons aux principaux articles.

ART. 26.

« Toute assemblée de la Chambre des Pairs qui
« seroit tenue hors du temps de la session de la
« Chambre des Députés, ou qui ne seroit pas or-
« donnée par le Roi , est illicite et nulle de plein
« droit. »

Ainsi, ni la Chambre des Pairs ne peut s'ériger
en *Sénat gouvernant*, ni les deux Chambres en
Parlement souverain. Sans doute l'une et l'autre
peuvent se révolter et même se *déclarer en per-
manence*. Mais alors ce seroit un *fait* et non un
droit ; mais alors le gouvernement auroit le *droit*
d'employer la force pour les dissoudre ; mais alors
ces Chambres usurpatrices seroient chargées de
l'indignation et du mépris de tous les hommes hon-
nêtes de toutes les générations. Elles peuvent se
révolter ! Mais les Parlements d'autrefois se révol-
toient, mais la Ligue se révoltoit, mais Condé se
révoltoit, mais sous tous les régimes il y a eu des
révoltes. Et l'on en conclura que l'on doit déchirer
la Charte ? Et moi je soutiens qu'une Charte bien
rédigée auroit par le passé empêché bien des révoltes. L'opposition d'à présent criera contre le
Ministère, et quelquefois elle n'aura pas tort. Mais
elle n'aura jamais la pensée de crier contre le Roi,
et nul n'osera plus dire à la tribune que la France

a vu revenir et voit régner les Bourbons avec *répugnance.*

ART. 27.

« La nomination des Pairs de France appartient
« au Roi ; leur nombre est illimité ; il peut en va-
« rier les dignités , les nommer à vie ou les rendre
« héréditaires , selon sa volonté. »

Ainsi encore une fois le Roi est le maître. S'il
croit avoir à se plaindre de la majorité ou de certains membres de la Chambre des Pairs , il peut
varier les dignités en abaissant les uns et relevant
les autres ; il peut accorder à ceux-ci *l'hérédité,*
et la refuser à ceux-là. Je dis *il peut,* même à
présent , la pairie n'étant pas héréditaire d'après
la *Charte,* mais d'après une *ordonnance* de juillet
1815 , et cette dernière observation est de M. de
Châteaubriand dans *la Monarchie selon la Charte.*
Quant au nombre des Pairs , quant à ces colonies
nombreuses qu'on y adjoints dans certains moments , la Charte, qui le permet, puisque le *nombre
est illimité,* ne sauroit empêcher certaines cri-
tiques : *les Ministres sont responsables.* J'ai
peine à croire cependant qu'on trouvât dans ces
mesures extraordinaires de quoi motiver une accu-
sation de *haute trahison,* même devant la Chambre des Pairs , comme le voudroient bien certaines

personnes, d'après l'article 33 de la Charte. La loi qui définit les *crimes de haute trahison* n'y comprend pas la nomination de *soixante-seize Pairs* le lendemain de la fête du Roi [1].

On nous permettra, avant de quitter cet article, une observation importante sur l'existence de *l'aristocratie* en France. Je le veux, la Chambre des Pairs ne renferme pas d'aussi riches propriétaires que la Chambre Haute d'Angleterre. Mais il en est une raison toute simple : la France n'en a point. Cependant elle compte encore d'assez grandes fortunes ; les dignités dont sont décorés la plupart de nos Pairs leur donnent une considération réelle ; plusieurs occupent des places importantes ; plusieurs ont pour eux l'illustration des talents et des services ; les noms de presque tous inspirent le respect ; les priviléges dont ils jouissent comme Pairs de France les distinguent de la masse des citoyens. Je ne vois pas pourquoi l'on ne trouveroit pas dans de tels éléments les germes de *l'aristocratie*. Pour moi, j'avoue qu'ils me semblent même assez développés. Eh ! pourquoi *l'aristocratie* ne se trouveroit-elle que dans la jouissance

---

[1] Aussi la proposition de M. Labbey de Pompières, réchauffée par M. Eusèbe de Salverte, a-t-elle fini par le ridicule. Notez bien que nous sommes loin d'approuver tout ce qu'a fait M. de Villèle.

des *droits féodaux ?* Pourquoi rappeler les *droits féodaux ,* dont personne en France n'a besoin pour être heureux , et que la civilisation repousse ? Le clergé ni la noblesse ne les regrettent point ; *d'autres temps , d'autres mœurs.* La Religion se conservera malgré les changements que nous avons vus ; la noblesse recouvrera son illustration , si nous nous rallions aux institutions que le Roi nous a données , et que nous trouvons bien plus *aristocratiques* qu'on ne le croyoit.

ART. 28.

« Les Pairs ont entrée dans la Chambre à vingt-
« cinq ans , et voix délibérative à trente ans seu-
« lement. »

Accoutumés que nous sommes à comparer la Chambre des Pairs avec le *Sénat ,* et nous rappelant ces trois cents vieillards qui siégeoient au Sénat romain, nous nous étonnons de voir les Pairs avoir *voix délibérative* avant l'âge où les Députés ont *entrée dans leur Chambre.* Mais l'éducation politique est bien plutôt faite chez les Pairs que chez les Députés ; tout ce qui entoure leur jeunesse leur parle des affaires de l'État ; et les Députés, pris dans toutes les classes , peuvent bien avoir plutôt songé à leurs propres affaires. Dans les premiers , le Roi cherche les traditions ; dans les derniers , l'expérience.

ART. 31.

« Les Princes ne peuvent prendre séance à la
« Chambre que de l'ordre du Roi, exprimé pour
« chaque session par un message, à peine de nul-
« lité de tout ce qui auroit été fait en leur pré-
« sence. »

Les précautions sont prises pour détourner tous
les dangers que certaines factions essaieroient de
faire naître. Il est fâcheux peut-être que les Princes
ne soient point appelés plus souvent aux sessions
des Chambres. Mais le Roi sait mieux que nous ce
qu'il doit faire à ce sujet.

ART. 32.

« Toutes les délibérations de la Chambre des
« Pairs sont secrètes. »

Il n'est point permis aux Pairs de France de
chercher par des succès de tribune une vaine et
dangereuse popularité. On a dit et répété que la
non publicité des débats empêchoit la Chambre
des Pairs d'exercer l'*influence* des talents et du
génie ; mais on n'a point fait attention que cette
influence est trop souvent acquise aux dépens de
la *dignité,* et la Chambre *aristocratique* doit
avant tout conserver cette haute considération, ce
respect que des communications moins fréquentes
entretiennent. D'ailleurs, les détails de certaines

séances sont publiés, les *opinions* imprimées, et la France sait à quoi s'en tenir sur les talents de plusieurs *nobles Pairs*. Plût à Dieu que le style et parfois les pensées de certains discours ne fussent pas trop en contradiction avec la *noblesse* des orateurs !

ART. 33.

« La Chambre des Pairs connoît des crimes de « haute trahison et des attentats à la sureté de « l'État, qui seront définis par une loi. »

L'organisation de la *Cour des Pairs* admet la publicité des *débats* judiciaires qui sont renvoyés devant elle. On ne doit point regretter cette dérogation à la disposition de l'article précédent, d'autant plus que, comme dans les tribunaux ordinaires, l'*huis clos* peut être demandé. Nous remarquerons que cette *dérogation* n'est point une *violation ;* l'exception étoit supposée. Les lois relatives à la compétence de la *cour des Pairs* sont *la quatrième espèce* de lois que suppose la Charte.

ART. 34.

« Aucun Pair ne peut être arrêté que de l'auto- « rité de la Chambre, et jugé par elle en matière « criminelle. »

Qu'on nous permette une observation grammaticale. N'eût-il pas été plus exact de dire : *Ni jugé que par elle ?*

Voilà *l'inviolabilité* des Pairs proclamée. Elle est moins étendue que celle du Roi, qui ne peut jamais être *arrêté* ni *jugé* ; elle l'est plus que celle des Députés, qui n'existe que *pendant la durée de la session* et *hors le cas de flagrant délit* (Voyez les articles 51 et 52). Je ne sais pourtant si cette dernière restriction ne doit pas être sous-entendue quand il s'agit des Pairs. C'est une question de droit public que nous ne nous permettrons pas de traiter.

Ces *priviléges* accordés aux membres du *pouvoir législatif* sont justes et convenables. Ils ajoutent à la dignité des grands corps de l'État et même de la *Couronne*. Tout ce qui approche du Roi doit être distingué de la masse des simples citoyens, sans oublier *l'égalité devant la loi*. Espérons que jamais ces distinctions ne nuiront à l'harmonie qui doit régner dans l'État, que jamais le cas de *flagrant délit* ni *l'autorisation de la Chambre* n'amèneront l'arrestation d'aucun Pair du royaume, d'aucun Député des Départements.

A l'article suivant commencent les dispositions relatives à la *Chambre des Députés des Départements*. Nous entrons ici dans l'examen d'une suite d'articles qui ont été, depuis la publication de la Charte, *modifiés* par des lois. Ces modifications, changements, dérogations, ont donné lieu à des discussions de plus d'une sorte. Mais celle qui nous a frappé le plus est relative au principe fondamental de la matière, *s'il est bon de modifier la Charte.* Louis xviii, l'auteur de la Charte, paroît lui-même avoir craint de toucher cette question. Il a dit, quand il annonça la loi qui devoit augmenter le nombre des Députés, etc. : *S'il est une amélioration... qui modifieroit certains points de la Charte, etc... il m'appartient de la proposer.* Les Chambres, accédant au vœu du Roi, ont résolu affirmativement la question, puisqu'elles ont adopté plusieurs lois *proposées.* Nous osons néanmoins n'être pas du tout de cet avis. Nous pensons au contraire que rien ne doit être *changé* dans le *texte* de la Charte. Nous sommes persuadé qu'en le respectant, on peut parvenir par d'autres moyens aux mêmes résultats ; que, bien entendus, plusieurs articles auroient empêché les inconvénients qui ont été signalés, notamment l'article 40 et l'article 46 ; que les lois supposées ou demandées par la Charte pouvoient être faites de manière à maintenir et *l'ordre public* et la *liberté ;* qu'une politique basée sur des principes plus religieux et plus monarchiques auroit attiré plus d'estime et de dévouement, sans exaspérer les esprits. On nous répondra sans doute qu'autre est la spéculation, autre la pratique, et qu'en mettant la main à l'administration on découvre beaucoup d'obstacles qu'on n'avoit pas seulement soupçonnés. Cette réponse seroit péremptoire, si on avoit réussi. Mais, dans l'état présent des choses, il est très permis de penser que par un autre chemin on seroit peut-être arrivé au terme. Du moins alors les ennemis du Roi et de la Religion n'auroient pas à dire que l'on a violé la Charte, qu'on n'a point tenu ses serments. Louis XVIII avoit bien senti ce grave inconvénient. Aussi, après avoir annoncé en 1815 qu'on réviseroit certains articles de la Charte, il déclara en 1816 que tous resteroient dans leur intégrité. L'intégrité de la Charte est un gage de stabilité ; au milieu du naufrage révolutionnaire, elle peut être notre ancre de salut. Nous allons donc examiner les articles suivants tels qu'ils sont ; soumis sans doute aux lois qui ont suivi, nous remarquerons néanmoins ce qu'elles ont de contraire à la Charte.

ART. 35.

« La Chambre des Députés sera composée des « Députés élus par les Colléges électoraux, dont « l'organisation sera déterminée par des lois. »

C'est ici la *cinquième espèce de lois* que réclame la Charte, les lois *pour les élections*. On ne voit pas comment il pourroit y avoir, d'après la Charte, des Colléges électoraux de *département* et d'autres *d'arrondissement*, qui éliroient immédiatement des Députés, puisque la seconde Chambre est composée des Députés *des Départemens.* Hors de là, il y a toute latitude. On peut avoir deux sortes de Colléges; ceux du premier degré nommant des candidats parmi lesquels les autres choisiroient des *Députés;* ou bien les *électeurs* du premier degré choisissant, dans une catégorie donnée, des *électeurs définitifs* qui prendroient les Députés dans le *Département,* etc., etc. Il est fâcheux qu'avec cette faculté on se soit restreint dans les bornes les plus étroites.

ART. 36.

« Chaque département aura le même nombre de « Députés qu'il a eu jusqu'à présent. »

Il est fâcheux qu'on ait augmenté ce nombre; il est fâcheux qu'on l'ait augmenté par une classe privilégiée de Députés; il est fâcheux qu'on ait donné ce privilége uniquement à la fortune électorale. Quoi donc ! 258 membres d'une assemblée délibérante, n'est-ce pas assez ? Comment délibère une foule réunie ? On est entraîné, on est étourdi, on marche à la suite de deux ou trois chefs. Mais que dirons-nous, si l'on croit devoir employer près de cette foule la séduction des places et des faveurs ?

ART. 37.

« Les députés seront élus pour cinq ans et de

« manière que la chambre soit renouvelée chaque
« année par cinquième. »

Ainsi, dans la Chambre le mouvement sera presque insensible ; ainsi les nouveaux élus appren-
dront les *usages parlementaires ;* ainsi les talens
supérieurs auront la chance de paroître à la tribune dès qu'ils auront atteint l'âge requis. Dieu
veuille que la *septennalité* présente des avantages
équivalents ! N'a-t-on donc pas compris ce qu'est
une élection *générale* prévue et préparée par les
partis ? Quels efforts, quelles intrigues, quelles combinaisons ministérielles tiendront là contre ?

ART. 38.

« Aucun Député ne peut être admis dans la
« Chambre, s'il n'est âgé de quarante ans, et s'il
« ne paie une contribution directe de 1000 francs.

La Chambre a décidé, en conséquence de cet
article, qu'on pouvoit être *élu* avant quarante ans,
pourvu qu'on eût atteint cet âge avant d'être *admis*. En conséquence de cet article, les lois *pour
les élections* pourroient ajouter, à la condition du
cens de 1000 francs, celles qui paroîtroient propres à donner à la France une Chambre plus éclai-
rée et plus imposante encore. Déjà plusieurs conditions diverses sont imposées par les lois. Les lois
de finances pourroient aussi distribuer autrement

les contributions, quelques-unes de celles qu'on appelle directes étant placées parmi les indirectes, et réciproquement. Toutes ces combinaisons sont permises par la Charte; elles aideroient peut-être la marche du gouvernement, sans rien ôter des libertés publiques.

ART. 40.

« Les électeurs qui concourent à la nomination
« des Députés ne peuvent avoir droit de suffrage,
« s'ils ne paient une contribution directe de 3oo f.,
« et s'ils ont moins de trente ans. »

Voilà bien deux conditions requises pour *concourir à la nomination des Députés*; mais soutenir, comme l'a fait dans le temps M. de Cazes, que les lois ne peuvent en prescrire d'autres, et que quiconque paie 3oo francs d'impôts et a trente ans est *électeur* d'après la Charte, c'est insulter au bon sens du public, comme à la dignité de l'assemblée elle-même. Voir les Députés de la France obligés de rechercher les suffrages de gens ignorans, grossiers, étrangers aux affaires, et cela tandis que la Charte fait évidemment entendre que la loi distinguera dans cette foule, n'est-ce pas un vrai supplice ? Mais les intrigans avoient ainsi plus beau jeu, et ils ont parlé contre la logique et pour leurs intérêts; c'est assez l'usage. Vous croirez peut-être qu'au moins on aura adopté deux degrés d'élection; vous vous tromperez, quoique la Charte en exprime le vœu, quand elle parle, non des électeurs qui *nomment*, mais des *électeurs qui concourent à la nomination*. Ces bons paysans qui ne comprennent pas ce que c'est qu'un *bureau provisoire* ou *définitif, des scrutateurs,* un *candidat*, vont peupler la Chambre des Députés de ceux qu'ils auront élus *librement*. Si c'est là le progrès des lumières, nous ne le comprenons pas.

ART. 41.

« Les présidents des Colléges électoraux seront « nommés par le Roi, et de droit membres du Col- « lége. »

Ce dernier membre de phrase veut-il dire qu'ils sont dispensés, non seulement du *domicile,* mais encore du *cens* et de *l'âge?* nous ne savons comment on a interprété l'article [1]. On pourroit résoudre la question par l'affirmative, si on le croyoit utile.

ART. 44.

« Les séances de la Chambre des Députés sont « publiques, etc. »

Ainsi les *électeurs* peuvent aller écouter leurs

---

[1] Nous savons maintenant que l'usage a résolu affirmativement la question. L'usage a encore servi la Monarchie.

mandataires, et cette publicité a bien ses avanta-ges. Quand les Députés comprendront-ils que quel-quefois elle a ses inconvénients ?

ART. 45.

« La Chambre se partage en bureaux pour dis-
« cuter les projets qui lui ont été présentés de la
« part du Roi. »

Cette sage mesure empêche la précipitation et remédie aux inconvénients d'une délibération en masse. Une chose assez remarquable par rapport à cet article, c'est que, placé comme il l'est, il ne s'applique pas à la Chambre des Pairs, laquelle pourroit discuter sans se diviser en bureaux ; mais elle a adopté cet usage, et elle a bien fait.

ART. 46.

« Aucun amendement ne peut-être fait à une
« loi, s'il n'a été proposé ou consenti par le Roi, et
« s'il n'a été renvoyé et discuté dans les bureaux. »

Cet article, que certaines personnes classeroient peut-être parmi les *règlementaires*, est un de ceux qui peuvent contribuer le plus au maintien des institutions existantes. Les lois, pour être bonnes, doivent être mûries long-temps, composées d'après l'expérience, rédigées avec le plus grand soin : sou-vent la mesure la plus indifférente, l'expression la moins impropre, détruisent toute l'économie d'une loi importante. L'article que nous examinons en est une preuve. Au premier coup d'œil, toutes ces précautions prises pour l'introduction d'un *amendement* paroissent minutieuses et presque ridicules. Cependant parce qu'elles n'ont pas été observées, le *pouvoir législatif* a été, pour ainsi dire, bouleversé; et les *projets de loi*, tellement *amendés* qu'on avoit peine à les reconnoître, ont amené des *lois improvisées* dont les dispositions, souvent contradictoires, causent encore maintenant autant de surprise aux bons esprits, que d'embarras aux juges. Quelle apparence en effet que des *changements* proposés dans la chaleur d'une discussion, où les idées qui flattent certaines opinions sont accueillies avec tant de facilité, puissent être mis en harmonie avec toutes les autres dispositions de la loi, avec les autres lois, avec les convenances, avec la véritable utilité publique [1]. Ce n'est pas ainsi que nos voisins les Anglois, qu'on cite si souvent pour modèles, discutent les bills et traitent la législation. Les *amendements*, les nouvelles *dispositions*, les *motions* quelconques, sont an-

---

[1] Depuis que ces remarques ont été écrites, un inconvénient plus grave a été signalé. Dans la dernière session un article amendé ayant été voté avec deux mots supprimés par oubli, l'article a été maintenu le lendemain, quoique les mots supprimés fussent essentiels.

noncés avant d'être présentés, présentés à jour fixe, et discutés un autre jour. Aussi leurs lois sont elles faciles à interpréter, à appliquer ; aussi leurs lois subsistent-elles, sans avoir besoin d'être *abrogées* ou *expliquées* par de nouvelles lois deux ou trois ans après leur apparition. Il importe donc beaucoup de se rappeler et d'observer enfin l'article 46 que nous examinons. La discussion sans doute peut donner de nouvelles lumières qui engagent à modifier un *projet de loi.* Mais *le Roi* lui-même peut sentir l'utilité de *l'amendement* et le *proposer,* où, s'il est proposé par quelque membre de la Chambre, il est juste que l'autorité qui a combiné les diverses parties de la loi soit avertie d'abord, et qu'après avoir reconnu que l'amendement ne dérange point le plan général de la loi, elle *consente* à l'introduire. La Chambre elle-même est intéressée, pour son honneur et pour le bien public, à mûrir cette amélioration projetée ; car quelquefois *le mieux est l'ennemi du bien,* et c'est pourquoi il est bon de *renvoyer* l'amendement aux méditations calmes et silencieuses, et de le *discuter* dans les bureaux avant qu'il ne subisse l'épreuve de la discussion publique. Ces réflexions sont si simples et leurs conséquences si évidentes, qu'il est difficile de concevoir comment la Chambre des Députés a pu s'accoutumer à *violer* comme elle le fait habituellement *l'article 46 de la Charte.*

Nous disons la *Chambre des Députés;* car la disposition présente paroît ne pas avoir été faite pour la Chambre des Pairs, à laquelle sans doute on a voulu laisser une plus grande latitude. Il est loisible à la Chambre dont les *séances sont secrètes,* de *proposer* et d'adopter un amendement sans qu'il soit *consenti* par le Roi ; mais alors, ou la Chambre des Députés pourra le rejeter, si le Roi *consent* à ce qu'il lui soit *proposé,* ou le Roi pourra refuser la *sanction.* On auroit pu se servir de ce moyen pour expliquer et justifier la mesure prise à une certaine époque où le *projet de loi* et les *amendements* de la Chambre des Pairs furent portés *séparément* à la Chambre des Députés. Mais on avoit *oublié* l'article, qui est continuellement *violé.*

ART. 48.

« Aucun impôt ne peut être établi ni perçu, « s'il n'a été consenti par les deux Chambres et « sanctionné par le Roi. »

Les péages sur les ponts établis par des compagnies particulières qui auroient acheté le terrain et ne gêneroient point la circulation sont-ils des *impôts* proprement dits? Chacun peut à sa volonté de servir du pont ou passer ailleurs. Dès lors pourquoi faudroit-il une loi? Il en est de même de plusieurs autres *contributions volontaires,* et le service public se feroit plus promptement à l'aide d'une ordonnance ou d'un règlement d'administration publique. Nous n'aurions pas alors des lois par milliers.

ART. 49.

« L'impôt foncier n'est consenti que pour un « an, etc.

On a beaucoup débattu, d'après la Charte, un projet de loi qui proposoit, pour régler l'année financière plus commodément, d'asseoir les impôts pour *dix-huit mois*. Mais les Ministres auroient pu répondre que, les lois devant être interprétées d'après leurs termes, il n'y avoit pas de violation de la Charte dès qu'il n'y avoit pas *deux ans*.

ART. 53.

« Toute pétition à l'une ou à l'autre des Cham- « bres ne peut être faite et présentée que par écrit. « La loi interdit d'en apporter en personne et à la « barre. »

La Charte suppose ici le droit de pétition, mais elle le suppose réglé par des lois, puisqu'il y est question d'une *loi qui interdit,* etc. On peut soutenir que la Charte ne s'oppose point à ce que des lois sages *empêchent* les abus d'un droit dont il est si facile d'abuser, et qui, entre autres inconvénients, à celui de *compromettre* à chaque moment *la di-*

gnité *des Chambres*. En effet, comme elles n'administrent point, elles ne peuvent que prononcer le *renvoi* aux ministres avec ou sans *recommandation*. S'il y a recommandation et que le ministre ne l'accueille pas, la Chambre est donc humiliée; s'il n'y a pas recommandation, le ministre n'est tenu qu'à examiner la pétition, et dès lors à quoi sert l'intervention de la Chambre? D'un autre côté, les pétitions ou représentations sur les lois paroissent contraires dans tous les cas, et le sont dans certains à l'article 19 de la Charte, qui donne bien aux Chambres *la faculté de supplier le Roi de proposer une loi*, mais qui par là même interdit cette faculté ou du moins l'exercice public de cette faculté aux simples citoyens. Une loi bien conçue à ce sujet formeroit utilement la 6e *espèce de lois* supposées par la Charte, les lois *sur l'usage du droit de pétition*.

Les articles relatifs aux *Ministres du Roi* supposent que leur nomination et leurs attributions sont entièrement à la disposition du Roi. Aucune limitation n'est indiquée, et par conséquent les *remonstrances* à ce sujet pourroient être regardées par le Roi comme une usurpation. Cependant il n'est pas douteux que des *vœux* ne puissent être exprimés convenablement, surtout par les deux Chambres, qui, sans être composées des *représentans de la nation*, sont néanmoins les *dépositai-*

taires et les *organes* naturels de ses vœux et de ses *besoins*. Mais conclure de là que les ministres sont à la disposition des Chambres, c'est outrer les conséquences d'une observation juste.

ART. 54.

« Les Ministres peuvent être membres de la « Chambre des Pairs ou de la Chambre des Dé- « putés. Ils ont en outre leur entrée dans l'une ou « l'autre Chambre, et doivent être entendus quand « ils le demandent. »

Les Chambres ont le droit de faire des *règlemens* pour leurs opérations intérieures, et le président de chacune d'elles peut refuser la parole aux membres qui la demandent. Mais aucun règlement n'empêche les Ministres du Roi de faire leurs représentations ; le président ne sauroit leur refuser la parole *quand ils la demandent.* L'usage est ici tout-à-fait conforme au principe.

ART. 56.

« Ils ne peuvent être accusés que pour fait de « trahison ou de concussion. Des lois particulières « spécifieront cette espèce de délits et en détermi- « neront la poursuite. »

Tous les intérêts et toutes les convenances sont ici ménagés. Un Ministre prévaricateur n'échappera point à la vindicte publique ; et, d'un autre côté, un Ministre ferme, qui aura choqué certaines personnes en veillant à la conservation de la Monarchie, ne pourra pas être *poursuivi* par un Député mécontent, sans être assuré d'obtenir justice. Seulement les lois sur cette matière (*septième espèce* de lois supposées par la Charte) ne sont pas faciles à rédiger, ni à discuter, ni à appliquer. Espérons que le Roi et les Chambres surmonteront ces difficultés.

Nous aurons peu de choses à dire sur les articles intitulés *de l'Ordre judiciaire*. Hors le jury, toutes les institutions et les principes consacrés ici par la Charte sont généralement approuvés.

ART. 57.

« Toute justice émane du Roi ; elle s'administre
« en son nom par des juges qu'il nomme et qu'il
« institue. »

La puissance royale se montre encore ici dans tout son éclat. La Charte, en distinguant la *nomination* des juges, de leur *institution*, autorise les mesures prises par les Cours supérieures qui, *au nom du Roi*, suspendent quelquefois les juges de leurs fonctions.

ART. 58.

« Les juges nommés par le Roi sont inamo-
« vibles. »

5.

Disposition sage et conservatrice de l'ordre et de la liberté publique ! Disposition étrangère à toutes les constitutions républicaines et impériales, et qui doit exciter notre reconnoissance pour la sagesse et la bonté du Roi !

ART. 59.

« Les cours et tribunaux ordinaires, actuelle-
« ment existans, sont maintenus. Il n'y sera rien
« changé qu'en vertu d'une loi. »

Les corps ont été maintenus, mais les membres ne l'ont pas été, ce qui eût été imprudent et impraticable. Mais les juges qu'il convenait de conserver ont été *nommés par le Roi*, et, d'après l'article précédent, sont devenus *inamovibles*. Les lois *sur l'Ordre judiciaire* sont la *huitième espèce* de lois que la Charte demande.

ART. 62.

« Nul ne pourra être distrait de ses juges na-
« turels. »

ART. 63.

« Il ne pourra en conséquence être créé de com-
« missions et tribunaux extraordinaires. Ne sont
« pas comprises sous cette dénomination les juri-
« dictions prévôtales, si leur rétablissement est
« jugé nécessaire. »

Un des bienfaits de la restauration a été la destruction de ces *commissions militaires* qui, sous le despotisme républicain et impérial, ont servi la haine et la fureur; qui ont assassiné le duc d'Enghien et tant d'autres illustres victimes. La restauration rétablit la *Justice*, et la *liberté* de la défense. Les *juridictions prévotales* pouvoient d'ailleurs assurer la promptitude de la répression au moment des troubles, et à la suite des révolutions dont nous avons été témoins. Aussi en a-t-on fait usage. Mais, dès qu'il a pu rétablir le cours lent et ordinaire de la justice, le Roi les a *supprimées*. Espérons que jamais les événements ne feront *juger leur rétablissement nécessaire*.

ART. 64.

« Les débats seront publics en matière crimi-
« nelle, à moins que cette publicité ne soit dange-
« reuse pour l'ordre et les mœurs ; et, dans ces
« cas, le tribunal le déclare par un jugement. »

Les partisans de tous les régimes doivent être contents de cet article de la Charte. Les inconvénients de la publicité sont prévenus, et personne sans doute n'a oublié ceux des jugements à huis clos. L'équité des décisions les rend plus vénérables, et la connoissance des motifs inspire l'horreur du crime et l'estime de la vertu. Les ruses des scélérats et les finesses de leurs défenseurs, pour échapper à l'application de la loi, peuvent aider certains esprits mal disposés à cacher leurs prévarications, et leur en suggérer peut-être. Mais un cœur corrompu est par lui-même assez inventif, et il trouve toujours des conseillers d'iniquité.

ART. 65.

« L'institution des jurés est conservée; les chan-
« gements qu'une plus longue espérience feroit ju-
« ger nécessaires ne peuvent être effectués que par
« une loi. »

L'innovation introduite par la révolution qui a établi en France les *jugements par jurés* a révolté beaucoup de bons esprits. Outre cette origine suspecte, l'institution elle-même du jury peut très bien partager les avis. Quand on parviendroit à séparer la considération de la peine, de l'appréciation du fait, il est certain que beaucoup de personnes, d'ailleurs estimables, sont dépourvues de cette pénétration, de ce coup d'œil, qui saisit et les circonstances d'un fait et les intentions de l'accusé. Il en est même qui ne comprennent pas la signification du mot *coupable*, lequel entre pourtant dans toutes les questions soumises au jury, et dernièrement, dans un des départements les plus éclairés de la France, le jury a répondu : « Oui, l'ac-
« cusé est *coupable* du faux, mais *sans intention
« frauduleuse* ». Ainsi, par le seul examen des

faits, la *culpabilité* peut bien échapper au jury. Ensuite, si on se représente l'impression que fait sur l'esprit de ceux qui ne sont point accoutumés à ces sortes de fonctions, la pensée de la *peine* qu'emportera leur décision ; on concevra quel doit être, dans certains moments, l'embarras des jurés. D'un autre côté, qu'un homme habile, remplissant avec énergie le sévère devoir du ministère public, vienne à faire ressortir les ruses, les mensonges, la bassesse d'ame de certains accusés, il peut inspirer contre eux une indignation qui empêche des hommes inexpérimentés d'apprécier les excuses. Aussi *l'expérience* montre-t-elle à chaque moment combien l'opinion du jury est incertaine. Loin que chacun prononce suivant sa conscience, les jurés s'entendent entr'eux pour rendre une réponse à la simple *majorité* des voix, se récusant ainsi eux-mêmes, puisqu'alors c'est l'opinion de la Cour qui décide, et rendant leur *verdict,* non par conviction ; mais par convention [1]. La Charte a tenu compte de toutes ces imperfections ; aussi elle dis-

---

[1] Il est plus difficile encore d'expliquer les déclarations de certains jurys qui ont déchargé de toute culpabilité des accusés convaincus par leurs propres aveux et les dépositions d'une foule de témoins. L'opposition pour certaines lois, le système d'abolition de la peine de mort, peuvent-ils à ce point faire oublier toutes les règles ?

pose que *les changements... peuvent être effec-tués... par une loi.* Celle qui a été discutée et promulguée pendant la session de 1827 ne satisfait pas encore à tous les besoins, et ne remédie pas à beaucoup d'inconvénients. Une *plus longue expérience* engagera peut-être le pouvoir législatif, non seulement à régler la *composition* et l'*organisation* du jury, mais encore à déterminer ses *attributions,* classant les différentes sortes de crimes sur lesquelles le jury seroit appelé à prononcer, et celles qui seroient réservées aux juges. Du reste, *l'institution* elle-même peut très bien être conservée, sans qu'aucun des grands intérêts de l'État ou des particuliers soit compromis.

ART. 66.

« La peine de la confiscation des biens est abo-
« lie, et ne pourra pas être rétablie. »

C'est encore un des bienfaits de la Charte. Les *amendes* peuvent obtenir les mêmes résultats que la *confiscation,* et elles n'en ont pas l'odieux. Ainsi la révolution et l'arbitraire sont condamnés dans leurs excès.

ART. 67.

« Le Roi a le droit de faire grâce et de commuer
« les peines. »

Le plus bel attribut de la royauté lui est conservé par la Charte [1]. Lorsque les mesures lentes et minutieuses des bureaux auront laissé plus de latitude au *bon plaisir* du Roi, *le droit de faire grâce* attirera sur lui de plus abondantes bénédictions.

ART. 68.

« Le Code civil et les lois actuellement exis-
« tantes qui ne sont pas contraires à la présente
« Charte, restent en vigueur jusqu'à ce qu'il y soit
« légalement dérogé. »

On a commencé à revoir cette effrayante multitude de lois publiées depuis la révolution. Espérons qu'un travail si important s'achèvera heureusement, et qu'on rétablira l'ordre au milieu de ce dédale inextricable. Puisse aussi le Pouvoir législatif comprendre que des *lois* ne sont pas des *règlements*, et par conséquent ne doivent pas entrer dans les détails minutieux où se perdent certaines lois récentes ! Autrement la nécessité emporte à chaque moment la violation de ces articles insignifiants que les localités et d'autres circonstances rendent impraticables. Mais que l'arbitraire ne devienne pas non plus trop puissant, et que les

---

[1] La constitution de 1793 avoit proscrit le droit de *faire grâce*. Elle annonçoit la terreur et Robespierre ; elle les stigmatisoit.

mesures ordonnées par les lois soient toujours observées *jusqu'à ce qu'il y soit légalement dérogé*.
Le respect pour les lois est le gage de la prospérité
et de la force d'un État.

Dans les articles intitulés *Droits particuliers
garantis par l'État*, Louis XVIII a voulu, en ras-
surant tous les intérêts légitimes, mettre enfin un
terme à la révolution. Les *pensions, les dettes de
l'État, la Légion d'Honneur*, sont maintenues.
On s'imposoit de grandes charges après les prodi-
galités de l'Empire. Mais le *crédit public* s'est établi par là même, et a procuré à l'État d'amples
dédommagements.

ART. 71.

« La Noblesse ancienne reprend ses titres ; la
« nouvelle conserve les siens. Le Roi fait des nobles
« à volonté ; mais il ne leur accorde que des rangs
« et des honneurs, sans aucune exemption des
« charges et des devoirs de la société. »

On ne pouvoit pas faire plus ; on ne pouvoit pas
faire moins. Mais des prétentions de certaines personnes ne se sont pas accommodées de cette sage
mesure. Il s'en est même trouvé qui, sous prétexte
de *reprendre leurs titres*, en ont *pris* qui n'avoient
jamais existé dans leurs familles. Cependant, quand
il s'est agi de réprimer ces usurpations, des mur-
mures se sont élevés, et des familles très honorables,

et *nobles* en effet, souvent depuis des siècles, ont rougi de produire leurs titres. Quel parti prendre pourtant contre les *chevaliers d'industrie* qui s'en faisoient de supposés ? Quand on prend un parti, on peut toujours craindre de blesser ; mais à qui la faute ?

ART. 73.

« Les Colonies seront régies par des lois et des
« règlements particuliers. »

L'habitude de faire des constitutions et des règlements improvisés, combinés très exactement sur le papier et dans le silence du cabinet, sans égard aux temps, ni aux lieux, ni aux personnes, a révolté contre cet article quelques-uns de nos modernes législateurs. Les Colonies devroient être sur le même pied que la Métropole ; *l'égalité* des droits est le gage du bonheur, et cent autres belles phrases de ce genre. Il n'y a qu'une petite différence entre la Métropole et les Colonies, c'est l'espace de deux mille lieues qu'il faut parcourir sur l'océan pour demander du secours, s'il y a une révolte ou une attaque du dehors. La Charte a donc consacré un principe aussi sage que bienfaisant, en assujettissant les Colonies à un régime *particulier* établi d'après les observations et l'expérience [1].

---

[1] Nous ne jugerons pas les dernières ordonnances relatives

ART. 74.

« Le Roi et ses successeurs jureront, dans la
« solennité de leur sacre, d'observer fidèlement la
« présente Charte constitutionnelle. »

Il est assez remarquable que Louis xviii, l'auteur de la Charte, n'ait point eu à remplir cette obligation, n'ayant pas été sacré. Il en seroit de même pour un Roi qui ne se feroit point *sacrer*. Mais la Charte a supposé qu'un Roi de France n'oublieroit jamais qu'il est le Roi très Chrétien et le successeur de Clovis. Peut-être a-t-elle voulu aussi engager par là tous les ordres de l'État à désirer le *sacre* du Roi, et à regarder cette cérémonie religieuse comme la *consécration* des droits de tous, et de la prospérité de l'État.

CONCLUSION.

Quelle raison d'ailleurs auroit le Roi pour éviter de prendre un engagement solennel en faveur de la Charte, qui, comme nous l'avons vu, lui laisse, ou, pour mieux dire, lui donne tous les

---

aux Colonies ; mais nous attendrons l'expérience. Nous nous réjouissons seulement qu'elles aient prévenu des lois dangereuses peut-être et difficiles à faire abroger. Les Colonies sont sur des volcans, et voisines de l'incendie. Les lois pour les *Colonies*, *neuvième espèce* de lois.

moyens nécessaires pour maintenir en France la Religion et la Monarchie, bases solides de paix et de bonheur? Sans doute la Charte s'est accommodée aux dispositions présentes des esprits ; mais quelle loi, quelle institution peut subsister en contradiction avec les besoins, les penchants, lés préjugés mêmes, si l'on veut, de l'époque et des hommes auxquels on les propose ! La Charte est en harmonie avec l'esprit du siècle. Tant mieux, si d'ailleurs elle est aussi d'accord avec les principes de la véritable politique. On aime la *liberté* et l'on cherche *l'indépendançe*. Il est une liberté permise ; il est une noble indépendance. Le Roi de France est un plus grand monarque quand il commande à des hommes libres, que s'il commandoit à des esclaves ; et j'aime à voir cet infortuné que l'Amérique a tenu vingt années dans les chaînes de l'esclavage, tressaillir de joie en touchant le sol de notre belle France, parce que ce premier pas brise ses fers. Vive la France ! et vive le Roi qui a senti ses besoins et contenté ses vœux !

On peut tout faire sous la Charte qu'il nous a octroyée, et les libertés publiques s'accordent avec la sécurité de tous. Voyez ces neuf espèces de lois que la Charte suppose, et qui, en respectant son immutabilité, peuvent se modifier suivant les changements que le temps introduit et les observations que l'expérience suggère. Elles règlent la *liberté individuelle*, l'usage de la *presse*, le *recrutement* de l'armée, la *compétence* de la Cour des Pairs, les *élections* des Députés, le droit de *pétition*, la *responsabilité* des Ministres, *l'ordre judiciaire*, l'administration des *Colonies*. Joignez-y les lois qui règleroient l'administration temporelle de la *Religion de l'État*, et rendroient inutiles ces *articles organiques*, contre lesquels tant de réclamations se sont élevées. Il n'est donc pas un ressort du gouvernement qui ne puisse, si le besoin s'en fait sentir, être retrempé, pour ainsi dire, et raffermi par des lois plus conformes aux intérêts qu'il est chargé de soutenir.

Il est difficile, dit-on, de revenir sur ce qui a été fait, surtout quand il s'agit de concessions, surtout quand l'habitude est prise. Dieu nous garde de provoquer des changements, des restrictions, des améliorations même qui ne sont pas indispensables!

La stabilité des lois est le meilleur gage de la tranquillité de l'État. Mais nul homme n'est maître du temps,

Et que n'altèrent pas les temps impitoyables ?

Le pouvoir législatif, partagé en trois branches, doit veiller au maintien des lois. Mais son existence même est une preuve de la nécessité d'y toucher quelquefois, et nous avons fait voir que la

Charte autorise ces modifications reconnues utiles, elle-même demeurant dans son intégrité.

Pourquoi donc les amis de la Religion et de la Monarchie ne seroient-ils pas les amis de la Charte ? Pourquoi ceux qui la réclament sans cesse comme le gage des libertés publiques, n'admettroient-ils pas aussi les gages qu'elle donne au pouvoir, sans la force duquel la paix ne peut ni s'établir ni subsister ? Sans doute on peut abuser du pouvoir ; mais on abuse aussi de la liberté. Sans doute la superstition est ridicule et dangereuse, mais l'impiété à ses dangers et ses scandales. L'important pour la France, c'est d'avoir un bon Roi, qui aime ses peuples et qui craigne Dieu ; un Roi sage, qui attende les momens favorables pour exécuter ses desseins ; un Roi juste, qui respecte les lois et ne fasse point acception de personnes ; un Roi ferme, qui sache tenir aux mesures qu'il a prises et ne se laisse point effrayer par les résistances ; un Roi indulgent, qui accueille le repentir et pardonne à la foiblesse devenue coupable ; un Roi chevalier, qui ait l'à-propos et la grâce, l'esprit et l'accent françois ; un Roi Bourbon, qui regarde la France comme son pays et *son premier amour,* les François comme ses enfants, ses frères et ses amis, comme de vieilles connoissances chères à ses aïeux depuis des siècles, comme l'héritage de sa famille dont ils doivent un jour et à jamais hériter les bienfaits et les soins.

Avec un tel Roi, la Charte sera une source de bonheur et de sécurité, d'espérance et de liberté, d'u-
nion et de force. Ainsi pensoit le fidèle Bordelois,
qui présentoit à Louis XVIII, au moment où il pré-
paroit la Charte, la députation de la Ville du
12 Mars : « Sous un Roi juste et ferme, toutes les
« constitutions sont bonnes. La tyrannie enfreint
« les meilleures. Cependant la sagesse réclame des
« Chartes conservatrices ; elles rassurent les peu-
« ples. Ou les bons Rois les provoquent ou leur
« sage administration les crée, le temps les con-
« sacre, l'amour et une confiance réciproque les
« affermissent. »

FIN.

www.ingramcontent.com/pod-product-compliance
Lightning Source LLC
Chambersburg PA
CBHW061248060726
47596CB00002B/487